Toni Steininger

Eis-Artistik
Das grosse Lehrbuch

Ice carving
The complete manual

Sculpture sur glace
Le grand livre pratique

Arte su ghiaccio
Il gran libro per apprendere

Impressum
Imprint
Impressum
Impressum

Herausgeber/Verlag
Editor/Publisher
Editeur
Editore/Casa editrice
©copyright by Andy Mannhart
Fachschule Kochartistik info@artonfood.com
www.artonfood.com

Projektleitung, Grafische Gestaltung+Druck/Project manage-
ment, graphic design+printing/Direction du projet, réalisation
graphique+impression/Direzione del progetto, realizzazione
grafica+stampa
Brunner AG, Druck und Medien
CH-6010 Kriens, www.bag.ch

Bildgestaltung+Fotos/Illustrations+photographs/
Illustrations+photos/Illustrazioni+fotografia
B&B digital-fotografie, Hans-Peter Blunier
CH-6010 Kriens

Danke • Thanks • Remercie-
ments • Ringraziamenti

Ein grosses Dankeschön an die Firma Läderach, die uns spon-
tan ihre moderne Infrastruktur zur Verfügung stellte und so
viel zur Realisation dieses Buches beitrug!

We would like to express our thanks to the Laederach company,
who spontaneously placed their modern infrastructure at our
disposal, and contributed greatly to the realisation of this book.

Un grand merci à la société Läderach qui a spontanément mis
son infrastructure moderne à notre disposition et grandement
contribué à la réalisation de cet ouvrage!

Desideriamo esprimere il nostro più sentito ringraziamento alla
ditta Läderach, la quale ci ha messo spontaneamente a disposi-
zione la propria moderna infrastruttura, contribuendo per-
tanto in modo determinante alla realizzazione di questo libro!

Inhalt • Contents

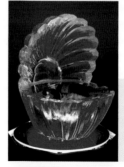

Sommaire • Sommario

Inhalt • Contents

● Toni Steininger, Absolvent der bekannten Brienzer Holzschnitzer-Schule, vergisst neben seiner Leidenschaft für das Eisschnitzen auch das Holz nicht.

● Toni Steininger, a graduate of the wood carving school in Brienz, does not forget about wood alongside his passion for ice carving.

▼ Toni Steininger, ancien élève de la célèbre école de sculpture sur bois de Brienz, n'oublie pas le bois, malgré sa passion pour la sculpture sur glace.

■ Toni Steininger, diplomato alla nota scuola per scultori in legno di Brienz, oltre alla sua passione per le sculture di ghiaccio non dimentica quella per il legno.

Schnell – guter Effekt

Schnell, möglichst einfach gemacht und mit gutem Effekt. Für mich heisst es grosszügig schnitzen und sich nicht in Details verlieren. Meine erstes Gebot: Das Maximum aus einem Block Eis herausholen ohne langes Zusammensetzen.

Ich habe mich in diesem Buch auf gängige Schaustücke konzentriert und nicht auf Sujets, die zwar gut aussehen, aber im Arbeitsleben nie realisiert werden, weil sie zu arbeitsaufwendig sind. Verzichtet habe ich auch auf schwierige Skulpturen, die zwar an Wettbewerben gute Noten erzielen würden, aber für das Buffet ungeeignet sind.

Mein Ziel ist es, Ihnen mit diesem Buch die Grundtechniken des Eisschnitzens zu vermitteln. Wenn sie beherrscht werden, kann jeder Eisschnitzer seinen eigenen Stil finden.

Viel Spass und Erfolg

Toni Steininger

Quick – and with a good effect

Quick, as simple as possible and with a good effect. For me, this means carving generously and not getting lost in the details. My first commandment: Extract the maximum from a block of ice without taking too long over composition.

In this book, I have concentrated on popular showpieces, and not on subjects that look good but can never be realised in working life because they are too complicated. I have also avoided difficult sculptures, which, although they gain good marks at competitions, are unsuitable for a buffet.

My goal has been to pass on to you the basic techniques of ice carving. Once these have been mastered, every ice carver will find his or her own style.

I wish you much fun and success

Toni Steininger

Rapidement – un bon effet

Rapidement fait, aussi simplement que possible et avec un bon effet, ceci signifie pour moi sculpter généreusement sans se perdre dans les détails. Mon premier commandement: tirer le maximum d'un bloc de glace sans longue composition.

Dans ce livre, je me suis concentré sur des pièces d'exposition et non sur des sujets qui, à vrai dire présentent bien, mais qui dans la vie de travail ne sont jamais réalisés car ils demandent trop d'efforts. J'ai aussi renoncé à des sculptures difficiles qui, à vrai dire, obtiendraient de bonnes notes dans les concours mais ne conviennent pas au buffet.

Mon but est de vous communiquer avec ce livre les techniques de base de la sculpture sur glace. Si elles sont maîtrisées, chaque sculpteur sur glace peut trouver son propre style.

Beaucoup de plaisir et de succès.

Toni Steininger

Veloce – e di sicuro effetto

Veloce, preferibilmente facile e di sicuro effetto. Per me è importante fare un gran lavoro d'intaglio senza perdersi troppo nei dettagli. Il mio primo comandamento: ricavare il massimo da un blocco di ghiaccio senza passare troppo tempo a unire vari pezzi.

Per questo libro mi sono concentrato su opere più comuni piuttosto che su soggetti che pur essendo belli, in pratica non vengono mai realizzati perché troppo impegnativi. Ho rinunciato anche alle sculture difficili che fruttano buoni voti nelle competizioni ma che sono poco adatte al buffet.

Il mio obiettivo è di illustrare con questo libro le tecniche fondamentali della scultura del ghiaccio. Una volta apprese queste, ogni scultore potrà trovare il suo stile personale.

Buon divertimento e buon lavoro!

Toni Steininger

Grundsätze
The basics
Principes de base
Fondamenti

Trotz der sehr kurzen Haltbarkeit wird kein Zweig der Food-Artistik so oft gewählt wie das Eisschnitzen, um Werbung, Show und Essen miteinander zu verbinden. Damit diese Komposition optimal gelingt, ist es nötig, über folgende Fragen Klarheit zu gewinnen:

– Welches Thema wähle ich oder ist mir vorgegeben?
– Wo wird die Skulptur aufgestellt?
– Welche Speisen und welche Dekorationen werden rundherum präsentiert?
– Wie beleuchte ich die Figur optimal?
– Wie lange soll die Skulptur stehen?
– Mit welchen Temperaturen muss ich während der Bearbeitung und bei der Präsentation rechnen?

Die beiden letzten Fragen befassen sich mit dem wohl wichtigsten Punkt: der Haltbarkeit des Kunstwerks. Es gibt absolut keine Entschuldigung für eine Eisskulptur, die auf dem Buffet umfällt, weil sie zu schnell dahinschmilzt.

Bei keiner anderen Artistik wird die Schönheit des Kunstobjekts erst nach und nach entfaltet. Stimmt das Timing des Eis-Artisten, so fällt der Höhepunkt der Party mit dem entscheidenden Moment der perfekten, glasklaren Silhouette der Skulptur zusammen.

Ein Profi-Eisschnitzer weiss, worauf er achten muss. Vor allem bei Tiersujets ist es wichtig, die richtige Balance zu finden zwischen Proportion und Haltbarkeit. Es dürfen nicht schon nach kürzester Zeit Einzelheiten des Tierkörpers unerkennbar sein. Mr Carving weist in den nachfolgenden Kapiteln auf diesen und andere elementare Punkte hin.

● Despite its very short durability, no branch of Food-Art is chosen as often as ice carving as a way of linking advertising, show and food. In order for these compositions to be successful, it is necessary to achieve clarity regarding the following questions:
– Which subject do I choose, or is this pre-defined?
– Where will the sculpture be displayed?
– Which dishes and what decoration will be presented around it?
– How can I optimally illuminate the figure?
– How long should the sculpture last?
– What temperatures can I expect during the preparation work and during the presentation itself?

The last two questions are related to the most important point of all: the durability of the sculpture. There is absolutely no excuse for an ice sculpture that collapses on the buffet because it has melted too quickly.

In no other form of art is the beauty of the object only unveiled bit by bit. If the ice artist's timing is correct, the highpoint of the party will coincide with the decisive moment of the perfect, crystal-clear silhouette of the sculpture.

A professional ice carver knows what he or she has to pay attention to. With animal subjects above all, it is important to find the right balance between proportion and durability. The details of the animal's body must not melt to the state of unrecognisability within a short time. In the following chapters, Mr Carving will give information about these and other elementary points.

▽ Malgré sa très courte durabilité, aucune branche de l'artistique alimentaire n'est aussi souvent choisie que la sculpture sur glace pour marier ensemble la publicité, le spectacle et la table. Afin que cette composition réussisse de manière optimale, il est nécessaire d'avoir les idées claires sur les questions suivantes:
– Quel thème vais-je choisir ou m'est prescrit?
– Où la sculpture sera-t-elle exposée?
– Quels mets et quelle décoration seront tout autour présentés?
– Comment vais-je illuminer la figure de manière optimale?
– Combien de temps la sculpture doit-elle exister?
– Avec quelles températures dois-je compter pendant l'élaboration et la présentation?

Les deux dernières questions traitent le point le plus important: la durabilité de l'ouvrage d'art. Il n'y a aucune excuse pour une sculpture sur-glace qui s'effondre sur le buffet parce qu'elle fond trop vite.

Dans aucune autre branche artistique, la beauté de l'objet d'art se développe seulement petit à petit. Si le timing de l'artiste sur glace joue, le point culminant de la party coïncide avec le moment décisif où la silhouette de la sculpture atteint sa parfaite limpidité.

Un sculpteur sur glace professionnel sait à quoi il doit veiller. Surtout dans le cas des sujets d'animaux, il est important de trouver le bon équilibre entre la proportion et la durabilité. Des détails du corps de l'animal ne doivent pas devenir méconnaissables après très peu de temps. M. Carving attire l'attention dans les chapitres qui suivent sur ces points et autres élémentaires.

■ Nonostante la durata molto ridotta, nessun altro settore dell'arte decorativa culinaria viene scelto così spesso quanto la scultura del ghiaccio per unire assieme pubblicità, spettacolo e gastronomia. Affinché questa composizione riesca al meglio è bene fare chiarezza sui seguenti punti:
– Quale tema scegliere o quale è stato richiesto?
– Dove verrà esposta la scultura?
– Quali pietanze e quali decorazioni vengono presentate?
– Qual è il modo migliore per illuminare la figura?
– Per quanto tempo deve essere esposta la scultura?

– A quale temperatura è necessario lavorare e qual è la temperatura dell'ambiente di esposizione?

Le ultime due domande si riferiscono al punto più importante: la durata dell'opera artistica. Non vi sono scusanti per una scultura in ghiaccio che cade sul buffet perché si scioglie troppo in fretta.

In nessun'altra realizzazione artistica la bellezza dell'opera si mostra tanto gradualmente come in questa. Se lo scultore dell'opera in ghiaccio non calcola bene i tempi, viene a mancare il

momento più sensazionale della festa, ossia la rivelazione della silhouette perfetta e brillante della scultura.

Uno scultore professionista sa bene a cosa fare attenzione. Soprattutto per le opere che hanno per soggetto animali è importante trovare il giusto equilibrio tra proporzioni e durata. Va assolutamente evitato che già dopo poco tempo i dettagli del corpo dell'animale diventino irriconoscibili. Nei capitoli successivi, Mr Carving darà utili suggerimenti su questi e altri punti elementari.

Technik und Theorie
Technique and theory
Technique et théorie
Tecnica e teoria

Eisherstellung
Producing ice
Fabrication de la glace
Produzione del ghiaccio

➥ Klares Eis erhält man nur mit Eis-Maschinen. Diese sind jedoch recht teuer (die kleinste Version mit nötigem Zubehör kostet ca. 6000 Euro).
Die Eismaschine besteht aus einem Behälter mit einem Kühlsystem am Boden. Indem das Wasser von unten her gefriert, kann es sich nach oben hin ausdehnen. Damit wird verhindert, dass sich im Eis Risse bilden oder der Block sogar auseinander fällt. Zusätzlich wird mit einer Pumpe, die am Behälterrand befestigt ist, das Wasser in Bewegung gehalten. Dem Wasser können dadurch Sauerstoff und die Mineralsalze entzogen werden.
Der Gefrierprozess für einen Block dauert ca. 70 Stunden. Würde man die Maschine kälter programmieren, um den Gefrierprozess zu beschleunigen, würde das Wasser zu schnell gefrieren und wäre dadurch nicht genügend in Bewegung. Das Eis würde weiss und könnte Risse aufweisen.

Wenn eine Trübung des Eises in Kauf genommen wird, kann Wasser aber auch selbst eingefroren werden.

● Clear ice can only be obtained using ice machines. These are very expensive, however – the smallest version together with the necessary accessories costs around 6,000 Euro.

The ice machine consists of a container with a cooling system at its base. Because the water freezes from the bottom, it can expand upwards. This prevents cracks forming in the ice or even the block falling apart. In addition, the water is kept in motion using a pump fixed to the edge of the container. As a result, oxygen and mineral salts can be removed from the water.
The freezing process for a single block lasts around 70 hours. If the machine is programmed to be colder in order to accelerate the freezing process, the water will freeze too quickly, and will thereby not have been in motion for long enough. The ice will be white, and can have cracks.

If some cloudiness can be allowed for, you can also freeze water yourself.

▼ On obtient une glace claire qu'avec des machines à glace. Celles-ci sont, cependant, passablement chères (la plus petite version coûte dans les 6000 euros avec les accessoires nécessaires). La machine à glace se compose d'un récipient comportant un système de réfrigération au fond. L'eau gelant par le bas, elle peut se dilater vers le haut. On évite ainsi que des fissures se forment dans la glace ou même que le bloc se disloque. De plus, l'eau est maintenue en mouvement à l'aide d'une pompe fixée au bord du récipient. L'oxygène et les sels minéraux sont ainsi soustraits. Le processus de congélation pour un bloc dure environ 70 heures. Si l'on programmait la machine à

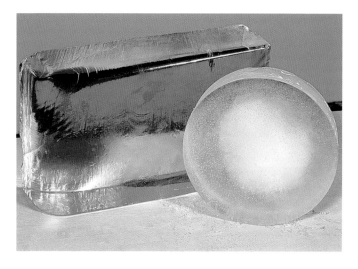

➥ Unterschied zwischen maschinell gefertigtem Eis und selbst eingefrorenem Eis.

● The difference between ice prepared by machine and ice that you freeze yourself.

▼ Différence entre glace produite à la machine et glace auto-congelée.

■ Differenza tra il ghiaccio prodotto a macchina e il ghiaccio prodotto in proprio.

une température plus basse pour accélérer le processus de congélation, l'eau gèlerait trop vite et serait ainsi insuffisamment en mouvement. La glace serait blanche et fissurée.

Si l'on s'accommode d'un trouble de la glace, l'eau elle-même peut être congelée.

■ Il ghiaccio trasparente si ottiene soltanto con apposite macchine. Tuttavia queste sono molto costose (il modello più piccolo con i necessari accessori si aggira attorno ai 6000 euro). La macchina per il ghiaccio consiste di un recipiente con un sistema di raffreddamento sul fondo. L'acqua si congela dal

basso, potendosi quindi dilatare verso l'alto. In questo modo si impedisce la formazione di fratture nel ghiaccio o addirittura la rottura del blocco. Inoltre, una pompa fissata sul bordo del contenitore assicura il movimento dell'acqua, permettendo quindi di togliere l'ossigeno e i sali minerali. Il processo di congelamento di un blocco dura circa 70 ore. Programmando la macchina a temperature minori per accelerare tale processo, l'acqua si congelerebbe troppo velocemente e non sarebbe in sufficiente movimento. Si otterrebbe un ghiaccio bianco con possibili fratture.

Se invece si accetta l'opacità del ghiaccio è possibile anche congelare da soli l'acqua.

Variante 1
Variant 1
Variante 1
Variante 1

▬ Den Behälter mit Eiswürfel oder «Crashed Ice» füllen und mit kaltem Wasser nachgiessen. Gut umrühren, damit möglichst die ganze Luft entweicht; gefrieren lassen.

● Fill the container with ice cubes or "crushed ice", and add cold water. Stir well, so that as much of the air as possible can escape, and then freeze.

▼ Remplir le récipient de cubes de glace ou de «glace pilée» et verser de l'eau froide dessus. Bien remuer afin que la totalité de l'air s'échappe et laisser geler.

■ Riempire il recipiente di cubetti di ghiaccio o ghiaccio tritato e versarvi acqua fredda. Girare a fondo per far fuoriuscire l'aria e lasciare congelare.

Variante 2
Variant 2
Variante 2
Variante 2

▬ Das Wasser im Behälter schichtweise einfrieren. Einerseits gefriert das Wasser dadurch schneller, andererseits ist die Spannung, die beim Gefrieren entsteht, weniger gross. Achtung: Beim Nachgiessen sehr kaltes Wasser verwenden, da sonst das bereits gefrorene Eis durch den Temperaturschock zerspringt!

● Freeze water in the container layer by layer. On the one hand, the water will thereby freeze more quickly, and, on the other, the tension that arises during freezing will be lower. Caution: when adding the water, ensure that it is very cold, as otherwise the already frozen ice could shatter due to the temperature shock!

▼ Congeler l'eau dans le récipient par couches. D'une part, l'eau gèle, de ce fait, plus vite, d'autre part, la tension générée par la congélation est moins grande. Attention: utiliser de l'eau très froide en reversant, autrement, la glace déjà formée éclate en raison du choc thermique.

■ Congelare l'acqua nel contenitore per strati. Da una parte, così facendo, l'acqua si congela più velocemente, dall'altra si riduce la conseguente tensione generata dal congelamento. Attenzione: aggiungere solo acqua molto fredda per evitare che lo sbalzo di temperatura frantumi il ghiaccio già formato.

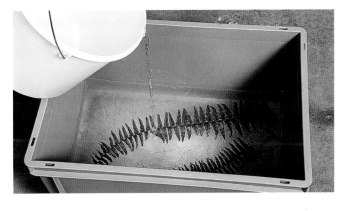

▬ Wenn gewünscht, können Gegenstände mit eingefroren werden. In diesem Fall die Blätter auf das Eis legen und mit kaltem Wasser übergiessen. Schichtweise weiter auffüllen, bis die gewünschte Dicke erreicht ist.

● If you wish, objects can be frozen into the ice. In this case, place the leaves on the ice and cover with cold water. Continue filling in layers until the desired thickness is reached.

▼ Si désiré, des objets peuvent être congelés avec. Dans ce cas, poser les feuilles sur la glace et les recouvrir d'eau. Continuer à remplir couche par couche jusqu'à ce que l'épaisseur souhaitée soit atteinte.

■ Se lo si desidera è possibile congelare anche oggetti insieme all'acqua. In questo caso porre le foglie sul ghiaccio e versarvi sopra l'acqua fredda. Continuare a riempire il recipiente a strati fino a raggiungere lo spessore desiderato.

● Es kann zur gleichen Zeit Wasser in verschiedenen Behältern eingefroren werden mit dem Ergebnis, dass ein Eisblock kaum gleich aussehen wird wie der andere.

● Water can be frozen at the same time in different containers, with the result that one block of ice will hardly look like the others.

▼ On peut congeler de l'eau en même temps dans différents récipients avec le résultat qu'aucun bloc de glace n'aura le même aspect.

■ È anche possibile congelare acqua in diversi recipienti e i blocchi risulteranno diversi l'uno dall'altro.

● Um ein besseres Ergebnis zu erzielen, mit dem Flachmeissel die sehr spröden Schichten wegmeisseln, bis klareres Eis sichtbar wird.

● To achieve a better result, chisel away the very brittle layers with the flat chisel until clearer ice becomes visible.

▼ Pour obtenir un meilleur résultat, enlever les couches très cassantes à l'aide du burin plat jusqu'à ce que la glace transparente soit visible.

■ Per ottenere un risultato migliore, asportare con lo scalpello piatto gli strati molto screpolati fino a che non sia visibile il ghiaccio trasparente.

● Selbst eingefrorenes Eis ist viel schwieriger zu schnitzen, da es oft spröde ist und schnell brechen kann. Wegen der vielen Luftblasen im Eis schmilzt es auch schneller. Mit eingefrorenen Blättern oder Blumen können diese Blöcke Ihr Buffet aber dennoch verschönern.

● Ice that you have frozen yourself is much more difficult to carve, as it is often brittle and can break very quickly. Due to the many air holes, the ice also melts more quickly. With frozen-in leaves or flowers, however, these blocks can nevertheless embellish your buffet.

▼ La glace auto-congelée est plus difficile à sculpter, car elle est souvent cassante et peut se briser facilement. En raison des nombreuses bulles d'air dans la glace, celle-ci fond plus vite. Ces blocs vous permettront, cependant, d'embellir votre buffet avec des fleurs et des feuilles gelées.

■ Il ghiaccio prodotto in proprio è molto più difficile da scolpire perché ha spesso delle screpolature e può rompersi velocemente. Inoltre le molte bolle d'aria presenti nel ghiaccio ne accelerano lo scioglimento. Tuttavia questi blocchi, con foglie o fiori congelati, abbelliranno comunque il vostro buffet.

Vorbereitungen
Preparations
Préparatifs
Preparazioni

Eisschnitzen muss geplant sein. Gezieltes Planen ermöglicht rationelles Arbeiten ohne Verluste. Folgende Dinge sollten vor dem Schnitzen bereitliegen:

- Eisblock mit richtiger Temperatur
- Skizze (falls nötig)
- sämtliches Werkzeug
- Strom (falls nötig)
- Kleider (Gummistiefel, Handschuhe, Schürze)

Arbeitsplatz
Vor Arbeitsbeginn kontrollieren, ob die Arbeitsfläche stimmt. Zur Sicherheit des Eisschnitzers sollte der Eisblock auf einer guten Unterlage stehen. Sehr gut eignet sich dafür Holz. Holzpaletten lassen sich aufeinander stapeln und garantieren so die gewünschte Arbeitshöhe. Der Arbeitsplatz darf auf keinen Fall Sonneneinstrahlung haben oder windig sein.

Ice carving has to be planned. Correct planning makes rational work possible without losses. The following objects should be at hand before starting the carving:

- the ice block at the correct temperature
- a sketch (if necessary)
- all tools
- electricity (if required)
- clothing (rubber boots, gloves, apron)

Workplace
Before starting work, check that the work surface is in order. For the safety of the ice carver, the ice block should stand on a good base. Wood is very suitable for this, and wooden pallets can be stacked together, thereby guaranteeing the correct working height. Under no circumstances should the workplace be in direct sunlight or be windy.

Wird das Eis der Sonne ausgesetzt, kristallisiert es und ist nicht mehr klar und durchsichtig. Das kann natürlich ein gewünschter Effekt sein, ist jedoch bei ungeschnitztem Eis wirkungsvoller als bei geschnitzten Skulpturen (siehe Bild).

If the ice is placed in the sun, it will crystallise, and will no longer be clear and transparent. This can, of course, be a desired effect, but is more effective in uncut ice than in a finished sculpture (see Picture).

Si la glace est exposée au soleil, elle se cristallise et n'est plus claire et transparente. Cela peut, naturellement, donner un effet souhaité, mais agit plus efficacement sur la glace non sculptée que sur les sculptures déjà taillées (voir illustration).

Esponendo il ghiaccio al sole, questo si cristallizza perdendo di lucentezza e trasparenza. Ovviamente questo può anche essere un effetto desiderato, ma si addice più al ghiaccio non intagliato piuttosto che alle sculture (vedere figura).

La sculpture sur glace doit être planifiée. Un plan ciblé permet un travail rationnel sans pertes. Les choses suivantes doivent se trouver prêtes avant de commencer à sculpter:

- un bloc de glace à la bonne température
- un croquis (si nécessaire)
- tout l'outillage
- du courant (si nécessaire)
- des vêtements (bottes de caoutchouc, gants, tablier)

Poste de travail
Contrôler avant de commencer le travail si le plan de travail convient. Pour assurer le sculptage de la glace, le bloc de glace doit être placé sur une bonne assise. Le bois convient très bien à cet effet. Des palettes de bois s'empilent les unes sur les autres et assurent la hauteur de travail souhaitée. Le poste de travail ne doit en aucun cas recevoir des rayons de soleil ou être exposé au vent.

La scultura del ghiaccio deve essere ben programmata. Un buon programma consente di lavorare in modo razionale senza sprechi. Prima di iniziare assicurarsi di avere a portata di mano quanto segue:

- blocco di ghiaccio alla giusta temperatura
- disegni (se necessari)
- tutti gli attrezzi
- corrente elettrica (se necessaria)
- indumenti (stivali in gomma, guanti, grembiule)

Posto di lavoro
Prima dell'inizio della lavorazione controllare che la superficie di lavoro sia in ordine. Per la sicurezza dello scultore, il blocco di ghiaccio deve stare su un piano stabile. Il legno risulta particolarmente adatto. I piani in legno possono essere facilmente accatastati garantendo l'altezza desiderata per la lavorazione. Il posto di lavoro non deve assolutamente essere esposto ai raggi solari o al vento.

Temperaturen
Physische und thermische Erschütterungen sind die schlimmsten Feinde des Eisblocks. Tiefkühler sind normalerweise auf −18 °C eingestellt. Bei dieser Temperatur sind die Blöcke hart und spröde. Würde man den Eisblock aus dem Tiefkühler nehmen und direkt bei normaler Raumtemperatur zu bearbeiten beginnen, würde er wegen des grossen Temperaturunterschieds sofort zersplittern. Auch die physische Berührung mit der Meisselklinge kann den Block zum Zerspringen bringen.

Ein Block sollte zur Bearbeitung eine Temperatur von 0 °C haben. Jeder erfahrene Eisschnitzer weiss, wann der Block die richtige Temperatur zum Schnitzen hat. Unerfahrene können sich an folgenden Regeln orientieren:
- Wird in der gleichen Temperatur geschnitzt wie der Block gelagert wurde, spielt die Temperatur des Eisblocks keine Rolle. Allgemein gilt jedoch: Je kälter die Temperatur, desto zerbrechlicher das Eis.
- Den Block aus dem Tiefkühler nehmen und so lange draussen stehen lassen, bis er vollstän-

dig klar ist. Je nach Aussentemperatur dauert dies 1 bis 3 Stunden.
- Um Zeit zu sparen, kann der Eisblock am Abend vorher aus dem Tiefkühler genommen und in den Kühler gestellt werden.

Temperatures
Physical and thermal shocks are the worst enemies of the ice block. Deep freezers are normally set to −18 °C. At this temperature, the blocks are hard and brittle. If you were to take the ice block out of the deep freezer and directly start working on it at room temperature, it would immediately crack due to the large temperature difference. Even the physical contact with the blade of the chisel can cause the block to crack.
For working purposes, a block should have a temperature of 0 °C. Any experienced ice carver knows when the block has reached the right temperature for carving. Inexperienced carvers can use the following rules:
- If the carving is to take place at the same temperature as the storage of the ice, the temperature of the ice block is unimportant. The following applies as a

general rule: the colder the temperature, the more fragile will be the ice.
- Take the block from the deep freezer, and let it stand outside until it is completely clear. Depending on the outside temperature, this can take between 1 and 3 hours.
- To save time, the ice block can be taken out of the deep freezer the night before and be placed in the refrigerator.

▼ **Températures**
Les secousses thermiques et mécaniques sont les pires ennemis du bloc de glace. Les congélateurs sont normalement réglés à –18°. A cette température les blocs sont durs et cassants. Si l'on sortait le bloc de glace du congélateur et commençait à le travailler directement à la température ambiante normale, il se fragmenterait immédiatement en raison de la trop grande différence de température. Le contact mécanique avec la lame du burin peut également faire éclater le bloc.
Un bloc devrait avoir une température de 0° pour être façonné. Tout sculpteur sur glace expérimenté sait quand le bloc est à la température correcte pour être taillé. Les moins expérimentés peuvent s'orienter aux règles suivantes:
- Si l'on sculpte le bloc à la même température que celle à laquelle il a été stocké, sa température ne joue aucun rôle. En général, cependant: plus froide est la température, plus cassante est la glace.
- Prendre le bloc du congélateur et le laisser dehors aussi longtemps que nécessaire jusqu'à ce qu'il soit complètement clair. Suivant la température extérieure, ceci demande 2 à 3 heures.
- Pour gagner du temps, le bloc de glace peut être sorti la veille au soir du congélateur et placé dans le réfrigérateur.

■ **Temperature**
Le variazioni termiche e fisiche sono quanto di più dannoso per il blocco di ghiaccio. I congelatori sono di solito impostati su una temperatura di –18 °C. A questa temperatura i blocchi sono duri e screpolati. Estraendo il blocco di ghiaccio dal congelatore e iniziando a lavorare direttamente alla temperatura ambiente, l'enorme sbalzo di temperatura ne causerebbe la frantumazione. Anche il contatto fisico della lama dello scalpello può causare la frattura del ghiaccio.
Per la lavorazione, il blocco deve avere una temperatura di 0 °C. Gli scultori esperti sanno riconoscere che il blocco di ghiaccio ha raggiunto la temperatura giusta per la lavorazione. I meno esperti possono attenersi alle seguenti regole:
- Scolpendo il ghiaccio alla stessa temperatura di conservazione del blocco, la temperatura del blocco di ghiaccio non è determinante. Tuttavia come regola generale è da tenere presente che più la temperatura è bassa, maggiore è la fragilità del ghiaccio.
- Estrarre il blocco di ghiaccio dal congelatore e lasciarlo fuori fino a che non è diventato completamente trasparente. A seconda della temperatura saranno necessarie da 1 a 3 ore.
- Per risparmiare tempo è possibile togliere il blocco di ghiaccio dal congelatore la sera precedente e conservarlo nel frigorifero.

☛ Der linke Block kommt direkt aus dem Tiefkühler und sollte noch nicht bearbeitet werden. Der rechte Block hat die richtige Temperatur zum Schnitzen.

● The left block has been directly taken out of the deep freezer, and should not be worked on. The right-hand block has the correct temperature for carving.

▼ Le bloc de gauche sort directement du congélateur et ne devrait pas encore être travaillé. Le bloc de droite possède la bonne température pour sculpter.

■ Il blocco di sinistra proviene direttamente dal congelatore e non deve essere ancora lavorato. Il blocco di destra ha raggiunto la temperatura giusta per iniziare a scolpire.

Mr Carving

☛ Wenn bei warmen Aussentemperaturen der Block während des Schnitzens zu fest tropft, stellt man ihn besser wieder für ½ bis 1 Stunde in den Tiefkühler, um am Schluss eine Skulptur mit klaren Konturen zu erhalten und zu verhindern, dass das Eis schon zu kristallisieren anfängt.

● If the block starts to drip excessively while being carved at outside temperatures that are too warm, it is better to place it back in the deep freezer for ½ to 1 hour, in order to obtain a final sculpture with clear contours, and to avoid the ice starting to crystallise.

▼ Lorsque par température extérieure chaude, le bloc goutte trop fort pendant le sculptage, il vaut mieux le remettre pour ½ à 1 heure dans le congélateur pour obtenir à la fin une sculpture aux contours bien clairs et pour empêcher la glace de commencer à se cristalliser.

■ Se in presenza di temperature esterne elevate il blocco comincia a gocciolare copiosamente durante la scultura, è consigliabile riporlo per mezz'ora o un'ora nel congelatore per ottenere al termine una scultura con dei profili netti e per impedire che cominci già a cristallizzarsi.

Kleidung

Die wichtigsten Kriterien für die Kleidung sind Sicherheit, Wasserfestigkeit und Wärme. Am besten eignen sich:
- Gummistiefel (mit dicken Socken halten sie warm und sind zudem rutschfest)
- Skihose und Skijacke (sind wasserfest und geben Wärme)
- Gummihandschuhe (für eine angenehme Wärme evtl. mit Innenhandschuhen)

Gummihandschuhe sind wichtig, da sie am Meisselgriff rutschfest sind. Zudem gewähren sie – wenn auch nur beschränkt – einen gewissen Schutz vor Verletzungen. Eisschnitzer, die sich in einer Jacke eingeengt fühlen, schützen sich am besten mit einer wasserfesten Schürze.

● Clothing

The most important criteria with regard to clothing are safety, water resistance and warmth. The most suitable are:
- Rubber boots (with thick socks, they stay warm and are also non-slip)
- Ski trousers and jacket (are waterproof and provide warmth)
- Rubber gloves (possibly with inner linings for a comfortable warmth).

Rubber gloves are important, as they do not slip on the chisel handle. In addition, they provide some protection against injury – if only to a limited extent. Ice carvers who feel restricted wearing a jacket can protect themselves best with a waterproof apron.

▼ Vêtements

Les critères les plus importants pour les vêtements sont la sécurité, l'imperméabilité et la chaleur. Ce qui convient le mieux sont:
- des bottes de caoutchouc (elles tiennent chaud avec d'épaisses chaussettes et sont, de plus, antidérapantes)
- un pantalon et une veste de ski (sont imperméables et tiennent chaud)
- des gants de caoutchouc (pour maintenir agréablement chaud, évent. avec une doublure intérieure)

Les gants de caoutchouc sont importants car ils ne dérapent pas sur le manche du burin. De plus, ils protègent, bien que de façon limitée, contre les blessures. Les sculpteurs sur glace qui se sentent à l'étroit dans une veste, se protègent le mieux au moyen d'un tablier imperméable.

■ Indumenti

I principali criteri da seguire per gli indumenti sono la sicurezza, l'impermeabilità e il calore. Sono particolarmente adatti:
- stivali di gomma (con calzini grossi per stare caldi e impedire di scivolare)
- pantaloni e giacca da sci (sono impermeabili e tengono caldo)
- guanti in gomma (eventualmente con ulteriori guanti interni per mantenere calde le mani)

I guanti di gomma sono importanti perché consentono una salda impugnatura dello scalpello. Inoltre offrono una protezione, seppur limitata, contro le ferite. Gli scultori che si sentono stretti in una giacca possono proteggersi con un grembiule impermeabile.

Mr Carving

Wenn man sich wohl fühlt und warm hat, geht das Schnitzen viel einfacher. Richtige Kleidung beugt zudem Arthritis vor, an der viele Eisschnitzer berufsbedingt leiden.

● Carving is much easier when you feel warm and comfortable. The correct clothing also protects against arthritis, which many ice carvers suffer from as a result of their profession.

▼ Lorsqu'on se sent bien et qu'on a chaud, le sculptage se fait plus simplement. Les vêtements adéquats préviennent, en outre, contre l'arthrite, maladie professionnelle d'un grand nombre de sculpteurs sur glace.

■ Se ci si sente a proprio agio e al caldo, scolpire diventa molto più facile. Essere ben vestiti protegge inoltre dall'artrite di cui soffrono molti scultori del ghiaccio.

Toni liebt es, mit Hörschutz (und Musik) zu arbeiten. Er kann sich voll auf die Arbeit konzentrieren und wird nicht durch Aussengeräusche erschreckt.

● Toni loves to work with ear protectors (and music). In this way, he can concentrate fully on his work, and is not disturbed by external noises.

▼ Toni aime travailler avec des protège-oreilles (et de la musique). Il peut ainsi se concentrer totalement sur son travail et ne pas être distrait par des bruits extérieurs.

■ A Toni piace lavorare proteggendo le orecchie (e ascoltando la musica). In questo modo riesce a concentrarsi totalmente sul lavoro, evitando di essere distratto da rumori esterni.

Eisblock verschieben
Moving blocks of ice
Déplacement du bloc de glace
Spostamento del blocco di ghiaccio

Eisblock ablegen

👉 Für jeden Eis-Artisten ist es unumgänglich, Eisblöcke zu verschieben. Dabei ist zu bedenken, dass Eisblöcke ein enormes Gewicht haben. Die hier im Buch verwendeten Blöcke wiegen 135 kg. Für die Gesundheit ist ein richtiges Handling von eminenter Bedeutung. Eine falsche Handhabung kann zu schweren Unfällen führen.

Laying a block of ice down

● No ice artist can avoid having to move blocks of ice. When doing this, it must be remembered that the ice blocks have an enormous weight. The blocks used in this book weigh 135 kg. The correct handling of these ice blocks is therefore of crucial importance to your health. Incorrect handling can lead to serious accidents.

Enlever le bloc de glace

▼ Tout artiste sur glace doit inévitablement déplacer des blocs de glace. Il faut se rendre compte que les blocs de glace ont un poids énorme. Les blocs utilisés dans ce livre pèsent 135 kg. Une manutention correcte est d'une importance primordiale pour la santé. Une fausse manipulation peut entraîner de graves accidents,

Sistemazione del blocco di ghiaccio

■ Spostare i blocchi di ghiaccio non è semplice per nessun artista poiché sono molto pesanti. I blocchi utilizzati in questo libro pesano 135 kg. Maneggiare correttamente i blocchi di ghiaccio è dunque estremamente importante per l'incolumità personale. Operazioni o movimenti errati potrebbero causare infortuni anche gravi.

👉 Mit einer Eiszange den Block am oberen Teil vorne packen. Mit einem Fuss dagegenstemmen und den Block gegen sich ziehen.

● Using the ice tongs, grip the front upper edge of the block. Supporting the base of the block with one foot, pull the block towards you.

▼ Saisir la glace à la partie supérieure devant avec une pince à glace. Bloquer avec un pied et tirer le bloc vers soi.

■ Afferrare il blocco dalla parte superiore utilizzando una tenaglia per ghiaccio. Tirare il blocco verso di sé, puntellandolo alla base con un piede.

▼ Ecarter les jambes et enlever prudemment le bloc. Il est décisif que le bloc soit saisi à l'extrémité avant, autrement il n'est pas possible de le soulever soigneusement. Pour mettre le bloc debout, faire les étapes 1 et 2 en arrière.

■ Allargare le gambe e depositare il blocco con cautela. È importante afferrare il blocco dall'estremità anteriore, altrimenti non sarà possibile disporlo correttamente. Per rimettere il blocco in piedi, eseguire le fasi 1 e 2 al contrario.

👉 Die Beine spreizen und den Block vorsichtig ablegen. Es ist entscheidend, dass der Block am vorderen Ende gepackt wird, sonst ist es nicht möglich, ihn sorgfältig abzulegen. Um den Block aufzustellen, Schritte 1 und 2 rückwärts ausführen.

● Spread your legs, and carefully lay the block down. It is of decisive importance that you grip the block at the front end, otherwise it will not be possible to lay it down carefully. To stand the block up again, carry out Steps 1 and 2 in the reverse order.

Mr Carving

👉 Falls ein Block aus der Hand oder aus der Zange rutscht, sofort zur Seite treten. Auf keinen Fall versuchen, den Block aufzufangen. Lieber ein beschädigter Block als zerquetschte Hände und Füsse!

● If a block should slip out of your hand or out of the tongs, immediately step to the side. Under no circumstances should you try to catch the block. It is better to have a damaged block than crushed hands and feet!

▼ Si un bloc glisse de la main ou dérape de la pince, se mettre immédiatement de côté. Ne jamais essayer de rattraper le bloc. Mieux vaut un bloc endommagé que des mains et des pieds écrasés.

■ Se il blocco dovesse scivolare dalle mani e dalla tenaglia, spostarsi immediatamente. Non tentare per nessun motivo di prendere il blocco. Meglio un blocco danneggiato piuttosto che correre il rischio di lesioni a mani e piedi!

Eisblock transportieren

⬤ Wie bereits erwähnt, sind Blöcke, die direkt aus dem Tiefkühler kommen, sehr empfindlich auf Stösse oder Schläge. Sie müssen deshalb sehr sorgfältig transportiert werden. Ist ein Eisblock zur Lagerung in Karton oder mit Tüchern eingepackt worden, sollte man die Verpackung erst entfernen, wenn der Block am richtigen Ort steht.

Transporting an ice block

⬤ As already mentioned, blocks that have just been taken from the deep freezer are very sensitive to knocks or blows. They must therefore be transported very carefully. If an ice block has been packed for storage in cardboard or in cloths, this packing should only be removed when the block is at the correct location.

Transport du bloc de glace

▼ Comme déjà mentionné, les blocs de glace sortant directement du congélateur sont très sensibles aux chocs ou aux coups. Ils doivent être transportés, en conséquence, avec un maximum de précaution. Si un bloc a été stocké dans un carton ou dans des linges, il faut le déballer seulement lorsqu'il est parvenu au bon endroit.

Trasporto del blocco di ghiaccio

▪ Come già detto, i blocchi che provengono direttamente dal congelatore sono molto delicati e sensibili agli urti e ai colpi e devono dunque essere trasportati con molta cautela. Se per il deposito, il blocco è stato rivestito con cartone o stracci, tale rivestimento deve essere rimosso soltanto quando il blocco sarà giunto a destinazione.

⬤ Da die meisten Trolleys aus Metall sind, werden sie am besten mit einem Karton oder Tuch ausgelegt, um das Rutschen des Eisblocks zu verhindern.

⬤ As most trolleys are made from metal, it is best to cover them with cardboard or a cloth in order to prevent the ice block from slipping.

▼ La plupart des trolleys étant en métal, le mieux est de déposer le bloc de glace sur un carton ou un linge pour l'empêcher de glisser.

▪ Poiché gran parte dei carrelli sono in metallo, è consigliabile usare cartone o stracci per evitare che il blocco di ghiaccio scivoli.

Skulpturen einpacken und lagern
Packaging and storing sculptures
Emballage et stockage des sculptures
Imballaggio e deposito delle sculture

⬤ Sowohl geschnitzte Skulpturen als auch noch ungemeisselte Blöcke können problemlos über längere Zeit aufbewahrt werden. Sie müssen jedoch zugedeckt werden, um Temperaturschwankungen in der Luft auffangen zu können. Vor allem in stark frequentierten Kühlräumen darf man die Figuren nicht dem Luftzug aussetzen.

⬤ Carved sculptures and uncarved ice blocks can both be stored over long periods without any problem. They must be covered, however, in order to offset any variations in the temperature of the air. The figures should not be subjected to draughts, especially in heavily frequented cold rooms.

▼ Aussi bien les sculptures taillées que les blocs à l'état brut peuvent être conservés sans problème pendant une période prolongée. Il faut, cependant, qu'ils soient recouverts pour absorber les variations de température de l'air. En particulier, dans les chambres froides très fréquentées, les figures ne doivent pas être exposées aux courants d'air.

▪ È possibile conservare per lungo tempo sia le sculture già intagliate che i blocchi di ghiaccio non ancora scolpiti. A tale scopo è necessario coprirli per limitare le variazioni di temperatura. In caso di celle frigorifere a cui si accede di frequente, fare particolare attenzione a non esporre le sculture alle correnti d'aria.

⬤ Auf keinen Fall eine Wolldecke oder andere faserige Tücher um die Eisfigur legen, da sie daran kleben bleiben.

⬤ Under no circumstances should you lay woollen blankets or other fibrous cloths on the ice figures, as they will stick to them.

▼ Ne jamais envelopper les figures dans un linge de laine ou fibreux, car elles risqueraient de s'y coller.

▪ Non porre mai sulla scultura di ghiaccio una coperta di lana o altri panni lanuginosi che vi rimarrebbero attaccati.

ᴗ Für die Lagerung im Kühlschrank reicht ein altes Leintuch. Für längere Transporte die Skulptur zusätzlich mit einer Isolier- oder Wolldecke umwickeln.

● An old sheet is sufficient for storage in the refrigerator. For longer transportation, the sculpture should be wrapped in an additional insulating or woollen blanket.

▼ Un vieux linge de lin suffit au stockage dans le réfrigérateur. Pour des transports plus longs, envelopper, en plus, la sculpture dans une couverture de laine ou isolante.

■ Per depositare la scultura nel frigorifero è sufficiente un vecchio lenzuolo. Per trasporti più lunghi avvolgere la scultura anche con un panno isolante o di lana.

ᴗ Noch besser bleibt die Kälte erhalten, wenn zusätzlich eine Plastikhülle verwendet wird. Grosse Abfallsäcke eignen sich sehr gut. Für wirklich lange Distanzen ohne Kühlung kann Trockeneis unter die Plastikhülle gelegt werden.

● The cold will be maintained even better if a plastic cover is also used. Large rubbish bags are very suitable for this. For really long distances without refrigeration, dry ice can be placed under the plastic cover.

▼ Le froid reste mieux conservé si une enveloppe en plastique est utilisée en plus. Les grands sacs à ordures conviennent très bien. Pour des distances vraiment grandes sans réfrigération, de la neige carbonique peut être placée sous l'enveloppe en plastique.

■ La temperatura si manterrà bassa più a lungo se si utilizza anche un sacco di plastica. A tale scopo sono particolarmente indicati i grandi sacchi usati per l'immondizia. Per le distanze veramente lunghe senza raffreddamento è consigliabile porre del ghiaccio secco sotto il sacchetto di plastica.

Mr Carving

ᴗ Der Eiskünstler muss sich danach richten, ob eine Skulptur transportiert werden muss oder nicht. Bei Figuren, die für den Transport vorgesehen sind, sollte er alle Ecken abrunden. Ein kleiner Schlag auf eine Kante genügt, um an der Skulptur Ecken abzusplittern oder sogar Risse zu verursachen.

● The ice artist must adapt his work to whether the sculpture will be transported or not. In the case of figures for which transportation is foreseen, all the edges should be rounded off. A small blow on an edge will be enough to cause the edges of the sculpture to splinter, or can even cause cracks.

▼ L'artiste sur glace doit se régler selon qu'une sculpture doit être transportée ou non. Pour les figures devant être transportées, il devra arrondir tous les coins. Un petit coup sur un bord suffit pour détacher des éclats aux coins de la sculpture ou pour provoquer des fissures.

■ L'artista deve considerare l'eventuale trasporto della scultura. Alle sculture per cui è previsto il trasporto sarà necessario smussare tutti gli spigoli. Basta un leggero urto su un bordo per mandare in frantumi gli spigoli o provocare delle crepe.

Skulpturen aufstellen
Setting up a sculpture
Mise en place de la sculpture
Posizionamento della scultura

ᴗ Auf einen stabilen Tisch achten und stets das Gewicht der Figur in Betracht ziehen.
– Wenn Skulpturen auf Tische gestellt werden, mit Wannen arbeiten, damit das Wasser abfliessen kann.
– Wenn keine professionellen Wannen bereitstehen, normale Behälter verwenden.
– Immer wieder den Wasserstand kontrollieren.
Beim Platzieren auf dem Buffet darauf achten, dass die Figur nicht unmittelbar neben einem geheizten Behälter steht.

Den richtigen Zeitpunkt für das Buffet wählen. Wird die Figur vom Tiefkühler mit einer Temperatur von ca. –18 °C direkt auf das Buffet gestellt, läuft sie zuerst an und wird matt. Nach ½ bis 1 Stunde – je nach Raumtemperatur – wird die Figur klar und glänzend.
Direktes Sonnenlicht sollte vermieden werden, sonst kristallisiert das Eis.

● Ensure that the table is stable, and always take the weight of the figure into consideration.

– If sculptures will be placed on a table, work with tanks, so that the water can flow away.
– If no professional tanks are available, use normal containers.
– Check the water level repeatedly.
When placing it on the buffet table, always ensure that the figure does not stand in the immediate vicinity of a heated container.
Choose the correct time point for the buffet.
If the figure will be placed in the buffet direct from the deep freezer with a temperature of

around –18 °C, it will initially start to mist up and will become matt. After ½ to 1 hour, however – depending on the room temperature – the figure will become clear and shiny. Direct sunlight should be avoided, otherwise the ice will crystallise.

▼ Choisir une table bien stable et tenir toujours compte du poids de la figure.
- Lorsque les sculptures sont mises sur des tables, travailler avec un bac afin que l'eau puisse s'écouler.
- Si aucun bac professionnel n'est disponible, utiliser un récipient normal.
- Toujours contrôler le niveau d'eau.
En plaçant la figure sur le buffet, veiller à ce

qu'aucun récipient chauffé ne se trouve à proximité immédiate.
Choisir le moment adéquat pour le buffet. Si la figure est mise sur le buffet en sortant directement du congélateur à –18 °C, elle se ternit d'abord puis devient mat. Après ½ à 1 heure – suivant la température ambiante – la figure devient claire et brillante.
Eviter l'exposition directe aux rayons de soleil, autrement la glace se cristallise.

■ Utilizzare un tavolo stabile e considerare sempre il peso della figura.
- Se le sculture devono essere poste sui tavoli, utilizzare delle bacinelle in modo da raccogliere l'acqua.

- Se non sono disponibili delle bacinelle apposite, utilizzare dei normali recipienti.
- Controllare sempre il livello dell'acqua.

Nel caso di posizionamento sul buffet fare attenzione che la scultura non venga a trovarsi vicino ad un recipiente caldo. Scegliere il momento migliore per il buffet. Prelevando una scultura dal congelatore ad una temperatura di circa –18° C e ponendola direttamente sul buffet, questa dapprima si appannerà e diventerà opaca. Dopo mezz'ora o un'ora, a seconda della temperatura ambiente, la figura diventerà chiara e lucente. Evitare la luce solare diretta per impedire la cristallizzazione del ghiaccio.

◗ Für das Aufstellen die Figur zuerst in ein Tuch einwickeln. Sie kann so viel einfacher gehalten werden und rutscht nicht. Alte Leintücher sind dazu ideal.

● To set up the figure, first wrap it in a cloth. It is much easier to hold in this way, and will not slip. Old sheets are ideal for this.

▼ Pour mettre la figure en place, l'envelopper d'abord dans un linge. C'est plus simple pour la tenir sans qu'elle glisse. De vieux liges de lin sont idéaux à cet effet.

■ Per il posizionamento della scultura, avvolgerla prima in uno straccio in modo da poterla maneggiare più facilmente ed evitare che scivoli. A tale scopo sono ideali delle lenzuola vecchie.

◗ Ist kein Tuch vorhanden, unbedingt nichtfaserige Handschuhe verwenden. Die Eisskulptur auf keinen Fall mit blossen Händen tragen.

● If you do not have a sheet, always use fibre-free gloves. Under no circumstances should you carry the ice sculpture in your bare hands.

▼ Si aucun linge n'est disponible, surtout ne pas employer de gants fibreux. En aucun cas porter la figure à mains nues.

■ In mancanza di stracci, utilizzare esclusivamente guanti non lanuginosi. Non trasportare mai la scultura a mani nude.

◗ Die Skulptur auf eine nicht rutschbare Fläche stellen. Das kann auch nur eine Papierserviette oder ein Stück Stoff sein.

● Stand the sculpture on a non-slip surface. This could be a paper serviette or a piece of material.

▼ Poser la sculpture sur une surface non glissante. Une serviette en papier ou un bout d'étoffe suffit.

■ Porre la scultura su una superficie non sdrucciolevole. A tale scopo sono indicate anche una salvietta di carta o un pezzo di stoffa.

Skulpturen beleuchten
Illuminating sculptures
Illumination de la sculpture
Illuminazione della scultura

◗ Als Grundsatz gilt: nicht zu starkes Licht. Oft werden zu grosse Lampen verwendet. Besser mit weniger Licht von hinten bzw. von oben oder unten arbeiten. Der beste Effekt wird erzielt, wenn das Licht von unten her reflektiert. Wird die Skulptur mit Blumen dekoriert, so sollte das Licht sehr dezent sein. Farbige Blumen und farbiges Licht ergeben keine Harmonie! Die Skulptur auf keinen Fall aus gleicher Höhe beleuchten. Zu grosse und zu starke Lampen erzeugen mehr Wärme. Auf keinen Fall Bau-Scheinwerfer verwenden.

Ideal sind farbige Spotlampen oder an der Decke montierte professionelle Scheinwerfer.
Sehr geeignet ist das LED-Licht-System (Light Emitting Diodes). LED-Licht hat eine sehr lange Lebensdauer (100 000 Betriebsstunden), ermöglicht einen Betrieb bei kleiner Spannung (12 V) und erzeugt praktisch keine Wärme.

● The basic principle is: do not use a light that is too strong. Very often, lamps are used that are too large. It is better to work with a little light from the rear and/or from above or below. The best effect will be achieved if the light is reflected from below. If the sculpture will be decorated with flowers, the lighting should be very discreet. Coloured flowers and coloured light do not result in harmony! On no account should the sculpture be illuminated from the same height. Lamps that are too large or too powerful generate too much heat. Never use building floodlights under any circumstances. Coloured spotlights or professional floodlights mounted on the ceiling are ideal. The LED light system (light emitting diodes) is also very suitable. An LED lamp has a very long service life (100,000 hours of operation),

makes it possible to use lower voltages (12 V) and generates practically no heat.

▼ Principe de base: une lumière pas trop forte. Souvent des lampes trop grandes sont utilisées. Travailler de préférence avec moins de lumière, venant de derrière resp. du haut ou du bas. Le meilleur effet est obtenu lorsque la lumière réfléchit du bas. Si la sculpture est décorée de fleurs, la lumière doit rester très sobre. Des fleurs de couleurs vives et une lumière colorée ne donnent aucune harmonie! Ne jamais éclairer la sculpture à la même hauteur. Des lampes trop grandes et trop fortes rayonnent de la chaleur. Ne jamais

utiliser de projecteurs de bâtiment. L'idéal sont des spots de couleur ou des projecteurs professionnels montés au plafond. Le système d'éclairage par LED (Light Emitting Diodes) convient très bien. L'éclairage LED a une très grande longévité (100 000 heures de service), permet un service à basse tension (12 V) et génère pratiquement aucune chaleur.

■ Il principio da seguire è quello di una luce non troppo forte. Spesso vengono utilizzate lampade troppo grandi. È consigliabile una fonte luminosa leggera da dietro, dall'alto o dal basso. Il risultato migliore si ottiene se la luce è riflessa dal basso. Se la scul-

tura viene decorata con fiori, la luce deve essere molto discreta. I fiori colorati abbinati alla luce colorata non generano un effetto armonioso! Non porre in nessun caso l'illuminazione alla stessa altezza della scultura. Lampade troppo grandi o troppo forti generano più calore. Non utilizzare in nessun caso proiettori per edifici. Sono particolarmente indicati i faretti colorati o proiettori professionali montati al soffitto. È particolarmente adatto il sistema di luce LED (diodi ad emissione luminosa). La luce LED ha una durata molto lunga (100.000 ore d'esercizio), funziona con una bassa tensione (12 V) e praticamente non genera calore.

☛ Oft wird zu viel Licht verwendet. Auch hier gilt der Grundsatz: Wenig ist oft mehr. Es ist nicht nötig, die ganze Skulptur auszuleuchten.

● Very often, too much light is used. Here also, the basic principle is: less is often more. It is not necessary to illuminate the complete sculpture.

▼ On emploie souvent trop d'éclairage. Ici aussi le principe s'applique: peu apporte souvent plus. Il n'est pas nécessaire d'illuminer toute la sculpture.

■ Spesso viene impiegata troppa luce. Anche in questo caso vale il principio: meglio non esagerare. Non è necessario illuminare l'intera scultura.

☛ Wer eine filigranere Wirkung erzielen möchte, verwendet mit Vorteil mehrere Farben. Wenn keine farbigen Spots vorhanden sind, können auch normale Spotlampen mit farbigen Folien benutzt werden.

● If you want to achieve a decorative, lacy effect, it is advantageous to use several colours. If you do not have any coloured spots available, you can also use normal spotlights with coloured foil.

▼ Celui qui veut obtenir un effet plus filigrané a avantage à utiliser plusieurs couleurs. Si aucuns spots de couleur ne sont disponibles, des spots normaux avec des transparents de couleur peuvent aussi être utilisés.

■ Per ottenere un effetto filigrana è consigliabile utilizzare più colori. Se non si dispone di faretti colorati, è possibile utilizzare anche normali faretti con pellicole colorate.

Blöcke verleimen
Gluing blocks
Collage de blocs
Incollare i blocchi

Wir zeigen hier die gebräuchlichsten Verleimtechniken von Eis. Veraltet ist das Verleimen mit Salz, bei dem die zu verbindenden Teile mit Salz bestreut oder mit einer Salzlösung besprüht werden. Diese Technik ist sehr ungenau und wird heute praktisch nicht mehr angewendet.

Nous vous montrons ici les techniques les plus usuelles de collage de la glace. La technique de collage avec du sel, dans laquelle du sel est répandue sur les pièces à coller ou elles sont aspergées avec une solution saline, est dépassée. Cette technique est très imprécise et n'est pratiquement plus appliquée.

Here, we will demonstrate the most commonly used methods for gluing ice. Gluing using salt, by spreading salt over the two parts to be glued, or by spraying them with a salt solution, is now out-of-date. This technique is very inaccurate, and is rarely used nowadays.

Di seguito vengono descritte le più comuni tecniche di incollaggio del ghiaccio. La tecnica di incollaggio del ghiaccio con il sale è sorpassata e consiste nel cospargere di sale o di soluzione salina le parti da unire. Questa tecnica è molto imprecisa ed oggi non viene praticamente più utilizzata.

Mr Carving

Dünnes Eis bricht rasch. Deshalb als Erstes immer die Blöcke verleimen und erst nachher meisseln und bearbeiten.

Thin ice breaks quickly. You should therefore always glue the blocks first, and only chisel and work the ice later.

La glace mince casse rapidement. Pour cette raison, toujours coller les blocs d'abord, puis travailler au burin et façonner.

Superfici sottili di ghiaccio si rompono facilmente, è quindi consigliabile incollare prima i blocchi e solo dopo utilizzare lo scalpello per lavorarli.

Verleimen mit der Säge

Diese Technik wird angewendet, wenn kein Strom vorhanden ist oder die Blöcke entweder zu gross oder zu schwer zum Heben sind. Nachteil: Wegen Kratzspuren wird man später sehen, wo die Blöcke zusammengesetzt worden sind.

Gluing with the saw

This technique is used when no electricity is available, or if the blocks are either too large or too heavy to lift. Disadvantage: Due to the traces of the scratches, you will later be able to see where the blocks were joined together.

Collage à la scie

Cette technique est utilisée lorsqu'il n'y a pas de courant ou que les blocs sont, soit trop gros, soit trop lourds à soulever. Inconvénient: à cause des traces d'éraflure, les endroits où les blocs ont été réunis sont visibles plus tard.

Incollare con la sega

Questa tecnica viene utilizzata quando non è disponibile la corrente elettrica o i blocchi sono troppo grandi o troppo pensanti e quindi difficili da sollevare. Svantaggio: la sega lascia dei segni sulla superficie, è quindi possibile riconoscere dove i blocchi sono stati uniti.

Die zu verleimenden Eisstücke aufeinander stellen. Sorgfältig mit der Eissäge im rechten Winkel zwischen den Eisstücken hin und her fahren. Mit dieser Bewegung werden die Unregelmässigkeiten beseitigt. Das abgesägte Eis dient als Füllmittel.

Mettre les uns sur les autres les blocs de glace à coller, passer soigneusement avec la scie à glace, aller et retour, à angle droit entre les morceaux de glace. Ce mouvement permet d'éliminer les inégalités. La glace sciée sert de matière de remplissage.

Place the pieces of ice to be glued against each other. Carefully move the ice saw back and forward in the right-hand corner between the ice pieces. With this movement, the unevenness will be removed, and the ice that is sawn off will act as a filler.

Unire i pezzi di ghiaccio da incollare. Passare con cura la sega per ghiaccio ad angolo retto tra i pezzi di ghiaccio, muovendola avanti e indietro. Con questo movimento vengono eliminate le irregolarità. Il ghiaccio asportato con la sega può essere utilizzato come materiale di riempimento.

Wenig kaltes Wasser behutsam oberhalb der Naht ausgiessen, damit es in die Fugen sickert und noch vorhandene Löcher füllt. Zugleich dient das Wasser als Leim.

Carefully pour a small amount of cold water over the seam, so that it seeps into the joint and fills any remaining holes. The water serves as glue at the same time.

Verser peu d'eau froide avec précaution au-dessus du cordon afin qu'elle s'infiltre dans les joints et remplisse les trous encore présents. L'eau sert, en outre, de colle.

Versare accuratamente un po' di acqua fredda al di sopra della giunzione in modo che penetri nelle fughe e riempia i fori ancora presenti. L'acqua serve anche da collante.

Verleimen mit Bügeleisen

Eine vorteilhafte Technik, weil man praktisch nicht sieht, wo die Eisblöcke zusammengesetzt worden sind. Weil das Bügeleisen aber nur eine sehr kleine Auflagefläche hat, sind grosse Flächen nur sehr schwer glatt zu kriegen. Zudem ist diese Technik nur anwendbar, wenn Strom vorhanden ist.

Gluing with a clothes iron

This is an advantageous solution, as afterwards one can hardly see where the joints have been glued together. Because the clothes iron only has a very small contact surface, large surfaces are very difficult to make smooth. This technique can also only be used when electricity is available.

Collage au fer à repasser

Une technique avantageuse parce qu'on ne voit pratiquement rien aux endroits où les blocs de glace ont été assemblés. Mais comme le fer à repasser ne dispose que d'une très petite surface d'appui, il est difficile d'obtenir de grandes surfaces lisses. De plus, cette technique n'est applicable que lorsque du courant est disponible.

Incollare con il ferro da stiro

Trattasi di una tecnica vantaggiosa, perché non si vede il punto di unione dei blocchi di ghiaccio. Ma poiché la superficie d'appoggio del ferro da stiro è molto ridotta, è molto difficile lisciare le superfici estese. Inoltre questa tecnica è praticabile solo se è disponibile la corrente elettrica.

Das Bügeleisen auf unterster Stufe erwärmen. Die zu verleimenden Flächen sorgfältig bügeln, bis die Oberfläche leicht zu schmelzen anfängt und glatt wird. Nicht zu lange auf der gleichen Stelle verharren, da sonst Abdrücke zurückbleiben. Die Eisstücke aufeinander legen und warten, bis sie zusammengefroren sind.

Heat up the iron at the lowest level. Carefully iron the surfaces to be glued until the surface starts to melt slightly and becomes smooth. Do not stay at the same place too long, as an imprint will otherwise be left behind. Lay the ice pieces together and wait until they freeze together.

Chauffer le fer au plus bas échelon. Repasser soigneusement les surfaces à coller jusqu'à ce qu'elles commencent légèrement à fondre et deviennent lisses. Ne pas rester trop longtemps à la même place, sinon des empreintes restent. Mettre les morceaux de glace l'un sur l'autre et attendre jusqu'à ce qu'ils soient gelés ensemble.

Scaldare il ferro da stiro al livello inferiore, stirare con cura le superfici da incollare fino a quando la superficie comincia a sciogliersi e diventa liscia. Non indugiare troppo sullo stesso punto, altrimenti rimangono le impronte. Unire i pezzi di ghiaccio e attendere che si congelino assieme.

Mr Carving

Das Bügeleisen auf keinen Fall zu heiss aufheizen, sonst zerspringt das Eis.

On no account should the iron heat up too much, otherwise the ice will crack.

Ne pas chauffer le fer trop chaud, sinon la glace éclate.

Non scaldare troppo il ferro da stiro per evitare che si verifichino delle fratture nel ghiaccio.

Mr Carving

▬ Reststücke von Küchenabdeckungen eignen sich bestens als Steinplatten und können günstig erworben werden. Ebenfalls eine Technik, die praktisch keine Verleimspuren hinterlässt.

● Remainders from kitchen work surfaces are very suitable as stone plates, and can be purchased cheaply. This is also a technique that leaves practically no trace of the gluing.

▼ Les morceaux restants de revêtement de cuisine conviennent parfaitement comme dalles et peuvent être acquis bon marché. Une technique qui ne laisse aussi pratiquement aucune trace.

■ I residui dei piani delle cucine sono ideali come lastre di pietra e sono facili da reperire. Anche questa è una tecnica che non lascia praticamente tracce di incollaggio.

Verleimen mit Marmor

▬ Mit einer grossen, polierten und warmen Marmor-Steinplatte über die zu verleimenden Flächen fahren. Zwischendurch die Platte mit heissem Wasser abspülen, um sie wieder zu erwärmen.

Gluing with marble

● Move a large, warm and polished marble plate over the surfaces to be glued. In between, wash hot water over the plate to heat it up again.

Collage au marbre

▼ Passer sur les surfaces de glace à coller avec une grande plaque de marbre poli et chaude. Rincer de temps en temps la plaque de marbre avec de l'eau chaude pour la réchauffer.

Incollare con il marmo

■ Passare sulle superfici da incollare con una grande lastra di marmo liscia e calda. Sciacquare periodicamente la lastra con dell'acqua calda per scaldarla nuovamente.

Verleimen mit Schneematsch

▬ Diese Technik wird vor allem bei schon geschnitzten oder nicht glatten Flächen (z. B. Flügel bei Vögeln) angewendet.

Gluing with melted snow (slush)

● This technique is used above all on surfaces that have already been carved or that are not smooth (e.g., the wings of birds).

Collage à la neige fondue

▼ Cette technique est surtout utilisée sur des surfaces déjà taillées ou bosselées (p. ex. ailes d'oiseau).

Incollare con poltiglia di neve

■ Questa tecnica viene impiegata soprattutto per superfici già intagliate o non lisce (ad esempio le ali degli uccelli).

▬ Mit sauberem Schnee und kaltem Wasser Schneematsch herstellen.

● Make the slush from clean snow and cold water.

▼ Confectionner de la neige fondue avec de la neige propre et de l'eau froide.

■ Produrre la poltiglia di neve con neve pulita e acqua fredda.

◉ Die zu verbindenden Teile so vorbereiten, dass sie ineinander passen und ihr Halt gewährleistet ist. Zu diesem Zweck schnitzt man am besten einen Zapfen und das entsprechende Zapfenloch.

● Prepare the parts to be glued so that they fit into each other and are guaranteed to hold together. To achieve this, it is best to cut a tenon and a corresponding mortise.

▼ Préparer les pièces à relier de manière à ce qu'elles s'adaptent l'une dans l'autre et que leur tenue soit assurée. A cet effet, le mieux est de sculpter un tenon et le trou correspondant.

■ Preparare le parti da unire in modo che l'una si incastri dentro l'altra in modo da garantire una sicura tenuta. A questo scopo è consigliabile intagliare una specie di perno e un foro che possa ospitarlo.

Mr Carving

◉ Die Eisstücke bereitstellen. Etwas Schneematsch in das Zapfenloch füllen, den Zapfen sofort einsetzen und rundherum mit Schneematsch auffüllen. Es muss sehr schnell gearbeitet werden, da sonst der Schneematsch gefriert und die Teile nicht mehr bewegt werden können.

● Prepare the pieces of ice. Fill a little melted snow into the mortise, immediately insert the tenon and fill all around with melted snow. You will have to work very quickly, as the melted snow will otherwise freeze, and the parts will no longer be able to be moved.

▼ Préparer les morceaux de glace. Remplir le trou du tenon avec un peu de neige fondue, insérer immédiatement le tenon et remplir tout autour de neige fondue. Il faut travailler très vite, autrement la neige fondue gèle et les pièces ne peuvent plus être bougées.

■ Preparare i pezzi di ghiaccio. Mettere della poltiglia di neve nel foro che dovrà ospitare il perno e inserirvi immediatamente il perno, quindi riempire tutto attorno con poltiglia di neve. Tale lavorazione deve avvenire molto velocemente per evitare che la poltiglia di neve si ghiacci e le parti non possano più essere spostate.

◉ Sitzen die zusammengesetzten Teile nicht korrekt, den Schneematsch mit dem Flachmeissel herausmeisseln und noch einmal von vorne beginnen. Nicht korrekt sitzende oder gar wackelnde Teile brechen beim Schmelzen sofort ab!

● If the assembled parts do not fit together correctly, chisel out the melted snow using the flat chisel and start again from the beginning. Pieces that do not fit together correctly or pieces that wobble will break off immediately once the ice begins to melt!

▼ Si les pièces ne sont pas bien assemblées, sortir la neige fondue au burin-grattoir et recommencer depuis le début. Les pièces mal assises ou branlantes se détachent immédiatement à la fonte.

■ Se le parti unite non sono nella posizione corretta, togliere la poltiglia di neve con lo scalpello piatto e iniziare nuovamente da capo. Le parti non posizionate correttamente o che addirittura oscillano si rompono immediatamente allo scioglimento del ghiaccio!

Umgang mit Werkzeugen
Handling tools
Manipulation des outils
Uso degli attrezzi

Sicherheit
Safety
Sécurité
Sicurezza

Meissel

Meissel sind relativ teuer. Werden sie jedoch von Anfang an richtig gepflegt und geschliffen, halten sie sehr lange. Ein Eisschnitzer pflegt sein Werkzeug wie der Koch seine eigenen Messer. Nach Gebrauch sollten die Meissel getrocknet und nötigenfalls geschliffen werden, damit sie für den nächsten Einsatz bereit sind.

Chisel

Chisels are relatively expensive. If, however, you look after them and sharpen them from the very start, they will last a long time. An ice carver looks after his tools in the same way as a chef looks after his own knife. After use, the chisels should be dried, and be sharpened where necessary, so that they will be ready for the next job.

Zur eigenen Sicherheit während des Arbeitens die Meissel nie mit der Klinge gegen sich gerichtet hinlegen.

For your own safety while chiselling, you should never put down the chisel with the blade pointing towards you.

Pour sa propre sécurité, ne jamais poser les burins pendant le travail avec la lame orientée vers soi.

Per lavorare in condizioni sicure non utilizzare mai gli scalpelli con la lama rivolta verso se stessi.

So nicht! Ist die Klinge gegen den Eisschnitzer gerichtet, ist die Gefahr gross, dass er in die scharf geschliffene Kante greift, vor allem wenn der Meissel unter Eisresten liegt.

Not like this! If the blade is pointing towards the ice carver, there is a great danger that he or she will seize hold of the sharp edge, particularly when the chisel is lying under ice remnants.

Pas comme ça! Si la lame est orientée vers le sculpteur, le danger est grand qu'il saisisse le bord tranchant affûté, surtout lorsque le burin est dissimulé sous des restes de glace.

Così no! Se la lama è puntata verso l'intagliatore il pericolo di venire in contatto con il bordo affilato è maggiore, soprattutto se lo scalpello si trova sotto resti di ghiaccio.

Burin

Les burins sont relativement chers. Mais s'ils sont dès le départ correctement entretenus et affûtés, Ils durent très longtemps. Un sculpteur sur glace prend soin comme un cuisinier de ses propres couteaux. Après usage, les burins devraient être séchés et, si nécessaire, affûtés afin qu'ils soient prêts pour la prochaine mise en œuvre.

Scalpelli

Gli scalpelli sono relativamente costosi. Ma se ben trattati e affilati sin dall'inizio durano molto a lungo. Gli intagliatori di ghiaccio hanno per i loro attrezzi la stessa cura dei cuochi per i loro coltelli. Dopo l'uso gli scalpelli devono essere fatti asciugare e se necessario vanno affilati, in modo che siano pronti per il prossimo uso.

Meisselhaltung
Holding the chisel
Tenue du burin
Impugnatura dello scalpello

◗ Lange Meissel immer mit weitem Griff halten. Die vordere Hand dient zum Halten des Meissels, während die hintere Hand führt. Lange Meisselgriffe sind für die Schnitzarbeit weniger ermüdend und vor allem für die Bearbeitung grosser Skulpturen von Vorteil.

● Always hold long chisels with a wide grip. The front hand holds the chisel, while the rear hand guides it. Long chisel handles are less tiring for carving work, and are advantageous above all when working on large sculptures.

▼ Toujours tenir les longs burins tout le long du manche. La main de devant sert à tenir le burin tandis que celle de derrière dirige. Les burins à manche long sont moins fatigants pour sculpter et conviennent avantageusement pour façonner les grandes sculptures.

■ L'impugnatura degli scalpelli lunghi deve sempre essere ampia. La mano davanti serve per sorreggere lo scalpello e quella dietro per guidarlo. Gli scalpelli con i manici lunghi sono meno faticosi da usare e più vantaggiosi nella lavorazione di sculture di grandi dimensioni.

◗ Kurze Meissel mit der vorderen Hand am Klingenansatz halten und mit der hinteren Hand am Stielansatz führen. Meissel mit kurzen Griffen sind sehr wendig, bei der Bearbeitung grosser Stücke ist die Arbeit damit jedoch ermüdender.

● Hold short chisels with the front hand at the start of the blade of the chisel, and guide the start of the handle with the rear hand. Chisels with short handles are very manoeuvrable, although the work is thereby more tiring when working on large pieces.

▼ Tenir les burins courts avec la main de devant au début de la lame et diriger avec la main de derrière au début du manche. Les burins à manche court sont très maniables, mais pour le travail de grosses pièces, ils sont plus fatigants.

■ Impugnare gli scalpelli corti con la mano davanti posta sull'attaccatura della lama e guidare con la mano dietro posta sull'attaccatura del manico. Gli scalpelli con i manici corti sono molto maneggevoli, ma stancanti se usati per grandi sculture.

Flache Meissel
Flat chisels
Burins plats
Scalpelli piatti

◗ Flache Meissel werden vor allem zum groben Vorschnitzen (wenn ohne elektrische Säge gearbeitet wird), Abschnitzen, Erstellen von Ecken und zum Runden gebraucht. Die kleinen flachen Meissel dienen zum Löcherschnitzen und zum Abschnitzen in engen Passagen.
Normalerweise wird die geschliffene Fläche des Meissels zum Schnitzen verwendet. Weil Eis aber

– anders als Holz – beim Schnitzen praktisch keinen Widerstand entgegenbringt, kann der Meissel – mit je unterschiedlichem Effekt – auf beiden Seiten benützt werden.

● Flat chisels are above all used for rough pre-carving (if you are working without an electric chain saw), for cutting away, for creating edges and for rounding off. The small flat chisels are used to cut holes and for cutting away in narrow passages.
The sharpened surface of chisel is normally used for carving.
Because – unlike wood – ice offers virtually no resistance to carving, the chisel can be used on both sides – producing different effects.

▼ Les burins plats sont utilisés surtout pour le pré sculptage grossier (si une scie électrique n'est pas utilisée), rogner, faire des coins et pour arrondir. Les petits burins plats sont employés pour sculpter les trous et rogner dans les passages étroits.
Normalement, la surface affûtée du burin est utilisée pour sculpter. Mais comme la glace – autrement que le bois – n'offre pratiquement aucune résistance en sculptant, le burin peut être utilisé avec des effets différents respectivement des deux côtés.

■ Gli scalpelli piatti vengono utilizzati in prevalenza per gli intagli preliminari più grossolani (quando si lavora senza sega elettrica), per asportare, creare angoli e smussature. Gli scalpelli piatti piccoli servono per svuotare parti o realizzare fori e lavorare i passaggi più stretti. Solitamente la superficie affilata dello scalpello viene usata per intagliare. Ma poiché il ghiaccio, a differenza del legno, non offre praticamente alcuna resistenza all'intaglio è possibile usare lo scalpello da ambo i lati, con effetti diversi.

☞ Mit der geschliffenen Seite nach unten kann die Eisfläche glatt geschnitzt werden.

● With the sharpened side facing downwards, the ice surface can be carved with a smooth finish.

▼ Avec le côté affûté dirigé vers le bas, la surface de la glace peut être sculptée lisse.

■ Con il lato affilato verso il basso è possibile rendere liscia la superficie ghiacciata.

☞ Mit der geschliffenen Seite nach oben wird das Eis je nach Meisselform mehr oder weniger stark gerundet.

● With the sharpened side facing upwards, the ice can be more or less strongly rounded, depending on the shape of the chisel.

▼ Avec le côté affûté dirigé vers le haut, la glace sera plus ou moins fortement arrondie suivant la forme du burin.

■ Con il lato affilato verso l'alto la superficie ghiacciata viene più o meno arrotondata, a seconda della forma dello scalpello.

☞ Beim Abschnitzen den Meissel mit der geschliffenen Seite nach unten halten. Es arbeitet sich einfacher und man kann besser dosieren und runden.

● When cutting off, hold the chisel with the sharpened side downwards. It works better in this way, and you can use it and round off with it better.

▼ Pour rogner, tenir le burin avec le côté affûté dirigé vers le bas. Le travail est plus simple et l'on peut mieux doser et arrondir.

■ Per asportare il ghiaccio, impugnare lo scalpello con il lato affilato rivolto verso il basso. In questo modo è più facile lavorare ed è più facile regolare la pressione e smussare le forme.

☞ Muss in einem Hohlraum eine glatte Fläche geschnitzt werden, hält man den Meissel mit der geschliffenen Seite nach oben.

● If a smooth surface has to be cut in a hollow space, hold the chisel with the sharpened side facing upwards.

▼ Si, dans un creux, une surface lisse doit être sculptée, on tient le burin avec le côté affûté dirigé vers le haut.

■ Per ottenere una superficie liscia in una cavità, utilizzare lo scalpello con il lato affilato rivolto verso l'alto.

V-Meissel
V-Chisels
Burins en V
Scalpelli a V

☞ V-Meissel werden vor allem gebraucht, um Linien zu ziehen oder Muster zu schnitzen. V-Meissel gibt es in verschiedenen Winkelgrössen. Am meisten wird der 60°-Winkel gewählt, weil er eine tiefe, schöne Linie ergibt.

● V-shaped chisels are use above all to draw lines or to carve patterns. V-chisels are available in various angles. The 60° angle is mostly chosen, because it produces deep, fine lines.

▼ Les burins en V sont surtout utilisés pour tirer des lignes ou sculpter des motifs. Les burins en V existent en diverses grandeurs d'angle. Celui à 60° est le plus souvent choisi parce qu'il donne une belle ligne profonde.

■ Gli scalpelli a V sono utilizzati principalmente per tracciare delle linee o incidere decorazioni. Gli scalpelli a V sono disponibili con angoli di diverse ampiezze. Solitamente viene preferito un angolo di 60°, perché produce una linea profonda e netta.

☞ Der V-Meissel dient vor allem für Muster oder für Schuppen, Flossen, Federn und Flügel.

● The V-chisel is used above all for patterns, or for scales, fins, feathers and wings.

▼ Le burin en V sert surtout à sculpter des motifs, écailles, nageoires, plumes et ailes.

■ Lo scalpello a V serve soprattutto per le decorazioni o per squame, pinne, piume e ali.

27

Rundmeissel
Round chisels
Burins ronds
Gli scalpelli circolari

👅 Die grossen Rundmeissel können für das grobe Abschnitzen oder Aushöhlen verwendet werden. Meistens finden sie jedoch für negative Formen Anwendung. Es ist von Vorteil, sich mit der Zeit eine Auswahl von Rundmeisseln mit verschiedenen Rundungen zuzulegen, weil damit unterschiedliche Muster geformt werden können.

● The large round chisel can be used for the rough cutting away or for hollowing. It is mostly used for forming negative shapes, however. It is advantageous to acquire a selection of round chisels with different curvatures over time, because they can then be used to form different patterns.

▼ Les grands burins ronds peuvent être employés pour rogner ou évider grossièrement. Ils sont cependant utilisés la plupart du temps pour sculpter des formes négatives. Il est avantageux avec le temps de s'équiper d'un choix de burins ronds ayant différents arrondis, car ils permettent de former différents motifs.

■ Gli scalpelli circolari grandi possono essere utilizzati per gli intagli più grossolani e per la realizzazione di incavi. Tuttavia vengono maggiormente impiegati per la forme negative. È consigliabile crearsi col tempo una serie di scalpelli circolari con diverse forme in modo da poter eseguire svariate decorazioni.

👅 Mit der geschliffenen Seite nach unten dient der Rundmeissel entweder zum Aushöhlen oder zur Bildung einer gerundeten Linie.

● With the sharpened side facing downwards, the round chisel can be used to either hollow out or to form a rounded line.

▼ Avec le côté affûté dirigé vers le bas, le burin rond sert, soit à évider, soit à former une ligne arrondie.

■ Con il lato affilato verso il basso, lo scalpello circolare serve per ricavare cavità asportando ghiaccio o per formare linee arrotondate.

👅 Mit der geschliffenen Seite nach oben kann eine Kante gerundet oder eine positive Form geschnitzt werden, was besonders für Dekorationen ideal ist (siehe Seite 42).

● With the sharpened side facing upwards, an edge can be rounded off, or a positive shape can be carved, which is particularly useful for decoration (see Page 42).

▼ Avec le côté affûté dirigé vers le haut, un bord peut être arrondi ou une forme positive sculptée, ce qui est idéal pour des décorations (voir page 42).

■ Con il lato affilato verso l'alto è possibile arrotondare uno spigolo o intagliare una forma positiva, particolarmente ideale per decorazioni (vedere pagina 42).

Elektrische Kettensäge
Electric chain saws
Scie électrique à chaînette
Sega elettrica a catena

👅 Es gibt keine Kettensäge, die speziell für das Eisschnitzen entwickelt worden ist. Geeignete Sägen haben indessen eine Halterung, die zulässt, dass die Säge sowohl horizontal als auch vertikal verwendet werden kann. Die Kettensäge hilft sehr viel Zeit zu sparen. Je nach Figur ist ein geübter Säger mit der elektri- schen Säge doppelt so schnell als ohne. Zudem kann damit viel exakter gearbeitet werden. Die Kettensäge wird vor allem gebraucht, um nicht benötigtes Eis wegzusägen oder zu markieren und tiefe Rillen zu ziehen.

● There are no chain saws that have been specially developed for ice carving. Suitable saws, however, have a handle that allows the saw to be used both horizontally and vertically. The chain saw helps to save a great deal of time. Depending on the figure, an experienced sawer can carve twice as quickly using a chain saw as without. In addition, the work can be carried out much more accurately. The chain saw is used above all to cut away unwanted ice, or to mark and draw deep grooves.

▼ Il n'y a pas de scies électriques à chaînette spécialement développées pour sculpter la glace. Les scies appropriées possèdent toutefois une fixation qui permet d'utiliser la scie horizontalement et verticalement.

Les scies à chaînette aident à gagner beaucoup de temps. Suivant la figure, un opérateur expérimenté est deux fois plus rapide avec une scie électrique que sans. De plus, le travail se fait de manière bien plus exacte. Les scies à chaînette sont surtout employées pour ne pas détacher de la glace nécessaire ou pour marquer et tracer des rainures profondes.

■ Non esiste una sega a catena appositamente studiata per la lavorazione del ghiaccio. Le seghe adatte sono quelle la cui impugnatura consente di utilizzare la sega sia in verticale che in orizzontale. Con la sega a catena si risparmia molto tempo. A seconda dei soggetti, una persona pratica riesce a risparmiare anche metà del tempo utilizzando una sega elettrica. Inoltre è possibile lavorare con maggiore preci- sione. La sega a catena viene utilizzata soprat- tutto per asportare il ghiaccio che non serve o per demarcare o tracciare scanalature pro- fonde.

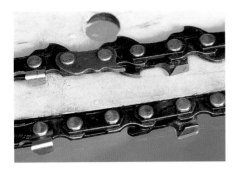
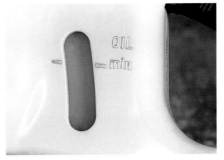

◔ Um mit der Kettensäge noch schneller arbeiten zu können, feilt man bei der Kette die Zwischenglieder (Tiefenbegrenzung) ab. Damit wird mehr Platz für den Schnee geschaffen.

● In order to be able to work more quickly with the chain saw, file off the intermediate links in the chain (depth limitation). This creates more space for the snow.

▼ Pour pouvoir travailler encore plus vite avec la scie à chaînette, on lime les maillons intermédiaires de la scie (limitation de profondeur). Plus de place est ainsi créée pour a neige.

■ Per lavorare ancora più velocemente con la sega a catena è consigliabile togliere dalla catena gli elementi centrali (limitazione di profondità), creando così maggior spazio per la neve.

◔ Um Ölflecken auf dem Eis zu verhindern, sollte kein Öl in die Kettensäge eingefüllt werden. Das Öl dient nämlich lediglich zum Schmieren der Kette.

● To avoid oil stains on the ice, do not fill any oil into the chainsaw. The oil is only used for the lubrication of the chain.

▼ Pour éviter les tâches d'huile sur la glace, il ne faut pas remplir la scie d'huile. L'huile sert, à vrai dire, uniquement à lubrifier la scie

■ Per impedire che si formino delle macchie d'olio sul ghiaccio, non riempire la sega a catena con olio che serve soltanto per lubrificare la catena.

◔ Die Kette schmiert man am besten mit einem Fettspray. Er hinterlässt weder Spuren auf dem Eis noch am Arbeitsplatz.

● It is best to lubricate the saw with a grease spray. This leaves no traces on either the ice or the workplace.

▼ On graisse le mieux la scie avec un pulvérisateur de graisse. Il ne laisse aucune trace sur la glace ou au poste de travail.

■ È consigliabile lubrificare la catena con uno spray che non lascia tracce sul ghiaccio e sul posto di lavoro.

◔ Die Säge immer mit beiden Händen festhalten. Zum Wohl der Gesundheit sich beim Sägen von Anfang an eine aufrechte Haltung angewöhnen. Wenn die Arbeit eine andere Körperhaltung erfordert, sich nicht bücken, sondern in die Knie gehen.

● Always hold the saw with both hands. For the sake of your health, you should, from the very start, accustom yourself to standing upright while sawing. If the work requires another body position, do not bend down, but work on your knees.

▼ Toujours tenir la scie fermement à deux mains. Pour le bien de la santé, s'habituer dès le début à se tenir bien droit en sciant. Si le travail exige une autre position, ne pas se pencher mais s'agenouiller.

■ Impugnare la sega sempre con due mani. Per ragioni di sicurezza, abituarsi sin dall'inizio a mantenere una posizione eretta mentre si lavora. Se la lavorazione richiede un'altra posizione, non piegare la schiena ma appoggiarsi sulle ginocchia.

◔ Für das vertikale Sägen mit den Händen am umgehenden Griff nachfassen, damit eine exakte Führung möglich ist.

● When sawing vertically, change the position of your hands on the all-round handle to make exact guidance possible.

▼ Pour scier dans le sens vertical, saisir avec les mains la poignée de contour pour assurer une conduite exacte.

■ Per segare in verticale, impugnare saldamente la sega con entrambe le mani lungo i manici circostanti per guidare l'attrezzo con maggiore esattezza.

Eissägen
Sawing ice
Sciage de la glace
Seghe per ghiaccio

◔ Normale Holzsägen eignen sich nicht zum Eisschnitzen, da die Zähne zu schmal sind. Wir unterscheiden zwischen zwei Arten von Eissägen. Diejenigen mit den grossen Zähnen sind zum eigentlichen Sägen. Die so genannte Eisschmirgelsäge hingegen wird zum Säubern des Eises oder zum Entfernen von gefrorenen Wassertropfen benutzt.

● Normal wood saws are unsuitable for cutting ice because the teeth are too narrow. We differentiate between two types of ice saw. The one with the large teeth is used for the actual sawing work. The so-called ice-sanding saw, on the other hand, is used to tidy up the ice or to remove frozen water drops.

▼ Les scies à bois normales ne conviennent pas à la sculpture sur glace, car les dents sont trop étroites. On distingue entre deux sortes de scies à glace. Celles à grandes dents servent à scier proprement dit. Les scies à glace dites à l'émeri servent, par contre, à nettoyer la glace ou à enlever les gouttes d'eau gelées.

■ Le normali seghe per legno non sono adatte a lavorare il ghiaccio poiché i denti sono troppo stretti. Si distinguono due tipi di seghe per ghiaccio. Quelle con i denti grandi servono effettivamente per segare. Il cosiddetto seghetto da smeriglio serve invece per ripulire la superficie ghiacciata o per rimuovere gocce d'acqua congelate.

◤ Die traditionelle Holzsäge hat für den Gebrauch auf Eis zu kleine Zähne. Der Sägevorgang muss oft unterbrochen werden, weil die sofort verstopften Zähne den Fortgang blockieren.

● The traditional wood saw has teeth that are too small for use on ice. The sawing procedure has to be frequently interrupted, because teeth clog up immediately, blocking progress.

▼ La scie à bois traditionnelle possède des dents trop petites pour un usage sur la glace. L'opération de sciage doit souvent être interrompue, car les dents bouchées empêchent d'aller plus avant.

■ La tradizionale sega per legno ha denti troppo piccoli per essere usata sul ghiaccio. È necessario interrompere spesso la lavorazione perché i denti si intasano presto impedendo di procedere.

◤ Die manuelle Eissäge wird in erster Linie gebraucht, um Eis zu zerteilen, ist aber auch für das Zusammensetzen von Eisblöcken unerlässlich (siehe Seite 21).

● The manual ice saw is primarily used to cut up ice, but is also indispensable for the gluing together of ice blocks (see Page 21).

▼ La scie à glace manuelle est avant tout utilisée pour diviser la glace, mais est également indispensable pour assembler des blocs de glace (voir page 21).

■ La sega manuale per ghiaccio viene usata soprattutto per frammentare il ghiaccio, ma è indispensabile anche per l'unione di blocchi di ghiaccio (vedere alla pagina 21).

◤ Die Schmirgelsäge eignet sich nicht zum Sägen. Viele Eisschnitzer bevorzugen sie zum Säubern von Skulpturen vor allem an Stellen, die mit den Meisseln nicht oder nur sehr schwer zugänglich sind. Siehe auch Seite 56.

● The ice-sanding saw is not suitable for sawing. Many ice carvers prefer to use it to tidy up sculptures, above all at locations that are inaccessible or very difficult to reach using chisels. See Page 56 too.

▼ Les scies à glace à l'émeri ne conviennent pas pour scier. Un grand nombre de sculpteurs sur glace les préfèrent pour nettoyer les sculptures, surtout aux endroits inaccessibles ou difficiles d'accès pour le burin. Voir aussi page 56.

■ Il seghetto da smeriglio non è adatto per segare. Molti artisti lo prediligono per ripulire le sculture soprattutto nei punti difficili o impossibili da raggiungere con gli scalpelli. Vedere anche pagina 56.

Schärfen von Meisseln
Sharpening chisels
Affûtage des burins
Affilatura degli scalpelli

◤ Gut geschliffen ist halb geschnitzt!
Mit richtig geschliffenen Meisseln geht das Schnitzen viel einfacher. Hat ein Meissel von Anfang an einen richtigen Schliff, ist das Nachschleifen relativ einfach. Viele Anfänger jedoch verzweifeln, wenn sie sich mit ungeschliffenen Meisseln (die leider öfter so zum Verkauf angeboten werden) im Eisschnitzen versuchen müssen.
Nach jeder grösseren Schnitzarbeit trocknet und schleift man die Meissel mit Vorteil. So macht das Schnitzen bei der nächsten Arbeit viel mehr Spass.
Ideal zum Schleifen wäre eine Schleifmaschine mit einem Sandstein, der sich im Wasser dreht. Da aber die meisten Hotels nur über normale Schleifmaschinen verfügen, zeigen wir das korrekte Schleifen mit einer Schleifmaschine, die mit einem feinen Schleifband (mindestens 120er-Körnung) ausgestattet ist.

● Well sharpened is half carved!
Carving is much easier with properly sharpened chisels. If a chisel has the correct edge from the very beginning, re-sharpening is relatively simple. Many beginners despair, however, because they try ice carving using unsharpened chisels (as these are unfortunately often offered for sale).
After every large piece of carving work, it is best to dry and sharpen the chisels. This makes carving the next piece of work much more fun. A grinding machine with a sandstone that revolves in water would be ideal for sharpening. As, however, most hotels only have a normal grinding machine, we will show you the correct way to grind using a grinding machine that is fitted with a fine-grain grinding belt (at least 120 grain).

▼ Bien affûté est à moitié sculpté!
Avec des burins bien affûtés, le sculptage est bien plus simple. Si un burin a bien été affûté dès le début, le raffûtage est relativement simple. Beaucoup de débutants désespèrent lorsqu'ils s'essayent à la sculpture sur glace avec des burins non affûtés (comme ils sont souvent malheureusement offerts à la vente).
Après chaque travail de sculpture assez important, on a intérêt à sécher et affûter les burins. On éprouvera ainsi bien plus de plaisir lors du prochain travail de sculpture.
Une meuleuse avec un grès tournant dans l'eau serait idéale pour affûter. Mais comme la plupart des hôtels, en général, ne disposent que de meuleuses normales, nous montrons comment affûter correctement avec une meuleuse équipée d'un fin ruban abrasif (au moins une granulation de 120).

■ Con una buona affilatura si è già a metà dell'opera! Se gli scalpelli sono ben affilati, intagliare è molto più facile. Se lo scalpello ha fin dall'inizio un'affilatura perfetta, riaffilarlo è relativamente semplice. Molti principianti perdono la pazienza se si trovano a dover lavorare con scalpelli non affilati (spesso purtroppo sono venduti già così).
Dopo ogni lavoro di scultura impegnativo è bene asciugare e affilare gli scalpelli, così la prossima lavorazione darà più soddisfazione.
L'ideale per affilare è una rettificatrice con una mola in arenaria che ruota in acqua. Ma poiché la maggior parte degli hotel dispongono solo di normali rettificatrici, mostriamo l'affilatura corretta con una rettificatrice a nastro abrasivo (grana minima da 120).

☛ Zuerst eine schön gleichmässige Fläche auf den Meissel schleifen.

● First, grind a very even surface on the chisel.

▼ D'abord repasser une belle surface égale sur le burin.

■ Affilare innanzitutto una superficie ben uniforme sullo scalpello.

☛ Die entstandene Fläche kontrollieren. Achtung: Um den Stahl nicht zu überhitzen und Material zu schonen, den Meissel nicht zu lange und zu hart auf das Schleifband aufsetzen. Wird der Stahl schwarz, wurde der Meissel zu fest aufgesetzt.

● Check the surface that has been produced. Caution: in order not to overheat the steel and to protect the material, do not hold the chisel against the grinding belt too long or too hard. If the steel becomes black, the chisel has been applied too firmly.

▼ Contrôler la surface obtenue. Attention: Pour ne pas surchauffer l'acier et épargner de la matière, ne pas mettre le burin trop longtemps et trop durement sur le ruban. Si l'acier devient noir, le burin a été mis trop fort.

■ Controllare la superficie ottenuta. Attenzione: per non surriscaldare l'acciaio e proteggere il materiale, non appoggiare troppo a lungo o con troppa pressione lo scalpello sul nastro. Se l'acciaio si annerisce significa che lo scalpello è stato appoggiato con troppa pressione.

☛ Die hintere Seite mit der Filzscheibe glatt polieren. Den Meissel kehren und auch die geschliffene Seite polieren.

● Polish the rear face using the felt polishing disk. Turn the chisel over and also polish the sharpened side.

▼ Polir la face arrière lisse avec un disque de feutre. Tourner le burin et polir également la face meulée.

■ Lucidare il lato posteriore con il disco in feltro per renderlo liscio. Ruotare lo scalpello e lucidare anche il lato affilato.

Schwan
Swan
Cygne
Cigno

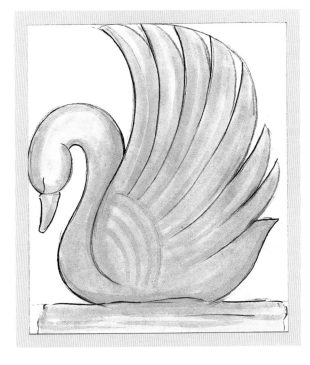

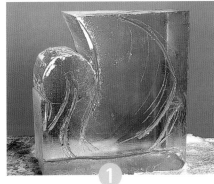

⬤ Viereckigen Block zuschneiden. Den Schwan aufskizzieren und mit der Kettensäge ausschneiden.

⬤ Cut out a rectangular block. Sketch the swan upon it, and cut out using a chain saw.

▼ Découper un bloc cubique. Esquisser le cygne et le débiter à l'aide de la tronçonneuse.

■ Tagliare un blocco rettangolare. Tracciare il cigno e tagliare con la sega a catena.

⬤ Wenn die seitliche Dicke des Schwans stimmt, von hinten die Flügel freisägen.

⬤ When the thickness of the swan's body is correct, cut the wings free from behind.

▼ Lorsque l'épaisseur du corps du cygne est correcte, en libérer les ailes depuis l'arrière avec la tronçonneuse.

■ Quando si è ottenuto lo spessore laterale corretto del cigno, segare il blocco sul retro per formare le ali.

⬤ Mit dem Flachmeissel Körperform entwickeln.

⬤ Develop the body using a flat chisel.

▼ Utiliser le ciseau plat pour sculpter la forme du corps.

■ Dare la forma del corpo utilizzando lo scalpello piatto.

Schwan • Swan • Cygne • Cigno

🗨 Die Flügel nicht zu dünn und spitzig zuschneiden, da sonst keine Dekorationen mehr möglich sind.

● Do not cut the wings too thinly or make them too pointed or it will not be possible to add decoration.

▼ Ne tailler les ailes ni trop fines, ni trop pointues, car aucune décoration ne serait plus possible.

■ Non intagliare le ali troppo sottili o spigolose, altrimenti non sarà possibile incidervi i motivi decorativi.

🗨 Bei den Flügeln mit dem V-Meissel von unten nach oben Rillen schnitzen.

● Cut grooves into the wings from below to above using a V-chisel.

▼ Avec le ciseau en V, tailler de bas en haut des rainures dans les ailes.

■ Intagliare con lo scalpello a V delle scanalature sulla ali, dal basso verso l'alto.

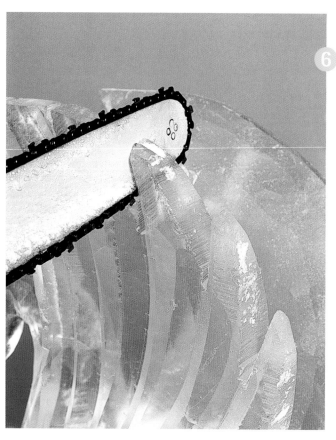

🗨 Mit der Kettensäge die Schwingfedern einsägen, um sie zu betonen.

● Cut into the wing feathers with a chain saw in order to add emphasis.

▼ A l'aide de la tronçonneuse, dégager le haut des rémiges pour les accentuer.

■ Incidere le penne con la sega a catena per delinearle meglio.

Mr Carving

🗨 Die Enden der Schwingfedern auf der vorderen Breitseite nicht zuspitzen, damit sie weniger schnell schmelzen.

● Do not make the ends of the wing feathers too pointed on the front surface, otherwise they will melt too quickly.

▼ Eviter de tailler en pointe les extrémités des rémiges du côté large à l'avant pour qu'elles ne fondent pas trop rapidement.

■ Si raccomanda di non realizzare le penne troppo appuntite sul lato anteriore più ampio, per evitare che si sciolgano rapidamente.

Bar Bar Bar Bar

Ein beliebtes Sujet, einfach zu realisieren. Je nach Wunsch kann die Bar beliebig verlängert werden. Die Dicke der Platten entsprechend der Temperatur und der Zeitdauer, während der die Bar stehen muss, wählen. Als Richtlinie gilt: ein Block ergibt eine 1 m lange Bar.

A popular subject that is simple to realise. The bar can be extended to any length, as desired. Select the thickness of the plate according to the temperature and the period of time over which the bar should stand. As a guideline: one block produces a 1 m long bar.

Un sujet très apprécié, facile à réaliser. Ce bar peut être allongé à volonté. Choisir l'épaisseur du plateau selon la température et la durée de vie prévue pour le bar. A titre d'information, un bloc donne un bar de 1 m de longueur.

Un soggetto molto amato e facile da realizzare. Le dimensioni del bar possono essere allungate a piacere. Scegliere lo spessore delle lastre in base alla temperatura e al tempo di utilizzo del bar. In via generale si può dire che con un blocco si crea un bar lungo 1 metro.

▬ Block der Länge nach in drei gleichmässige Stücke sägen. Falls dieser Arbeitsschritt nicht optimal gelingt, müssen die Teile mit dem Flachmeissel zu geraden Platten ausgebessert werden.

● Saw the block lengthwise into three equal pieces. If the step does not succeed optimally, the parts will have to be worked into straight plates using the flat chisel.

▼ Scier le bloc dans le sens de la longueur en trois parties égales. Si cette étape du travail ne réussit pas de manière optimale, les pièces devront être rectifiées à l'aide du ciseau plat pour former des plaques régulières.

■ Segare il blocco nel senso della lunghezza in tre pezzi uniformi. Se questa fase di lavorazione non riesce in modo ottimale, utilizzare lo scalpello piatto per rifinire le lastre.

▬ Für die Gestaltung der Bar-Stützen mit dem V-Meissel nach Belieben Verzierungen anbringen. Für die Tiefe der Rillen den ganzen V-Winkel des Meissels ausnützen.

● For the design of the bar support, outline the decoration as required using the V-chisel. Use the complete V-angle of the chisel for the depth of the grooves.

▼ Pour la décoration des supports du bar, tracer les rainures désirées à l'aide du ciseau en V. Pour la profondeur de ces rainures, utiliser la totalité de l'angle du ciseau.

■ Per realizzare le gambe del bar utilizzare uno scalpello a V per le decorazioni. Per la profondità delle scanalature utilizzare l'intero angolo a V dello scalpello.

▬ Die Rillen über die Kanten weiterziehen.

● Continue the grooves past the edges.

▼ Prolonger les rainures au-delà des arêtes.

■ Prolungare le scanalature anche sui bordi.

▬ Die Bar-Platte wird auf der Unterseite geschnitzt. An den Stellen, wo die Platte auf den Bar-Stützen aufliegt, keine Dekorationen anbringen, um die Standfestigkeit zu garantieren.

● The bar plate is carved on the underside. To ensure stability, do not carve any decoration at the point where the plate sits upon the bar supports.

▼ Le plateau du bar est taillé sur sa face inférieure. Pour assurer la stabilité de l'ensemble, ne pas tracer de décoration aux endroits où le plateau repose sur ses supports.

■ Intagliare la lastra del bar sul lato inferiore. Per garantire la stabilità, non eseguire decorazioni nei punti in cui la lastra poggia sulle gambe del bar.

⑤

Um einen noch glasigeren Effekt zu erzielen, alle Flächen mit dem Bügeleisen säubern und glätten.

● To achieve an even greater «glass» effect, tidy and smooth all surfaces with an iron.

▼ Pour obtenir un effet de verre encore plus prononcé, nettoyer et lisser toutes les surfaces à l'aide du fer à repasser.

■ Per aumentare ulteriormente l'effetto del ghiaccio pulire e lisciare tutte le superfici con il ferro da stiro.

Mr Carving

Die Bar ist ein ideales Sujet, in kürzester Zeit realisiert. Für das abgebildete Objekt wurde nur gerade eine Stunde investiert. Bei Temperaturen über 3 °C ist es empfehlenswert, zusätzlich eine vierte Platte als Sockel zu benützen, um das schnelle Wegschmelzen und Umfallen zu verhindern.

● The bar is an ideal subject and can be realised in a short time. Exactly one hour was needed for the illustrated piece. At temperatures above 3 °C, it is highly recommended to use a fourth block as a base, to prevent rapid melting of the ice and any possible accidents.

▼ Ce bar est un sujet idéal, réalisable en très peu de temps. Il a suffi d'une heure pour sculpter l'objet représenté ici. En cas de température supérieure à 3 °C, il est recommandé d'utiliser une quatrième plaque comme socle, pour éviter une fonte trop rapide et l'effondrement de l'ensemble.

■ Il bar è un soggetto ideale che si realizza in breve tempo. L'oggetto raffigurato è stato realizzato in una sola ora. A temperature superiori ai 3 °C si consiglia di utilizzare come zoccolo anche una quarta lastra, per evitare uno scioglimento rapido e la caduta delle parti.

Fische
Fish
Poissons
Pesci

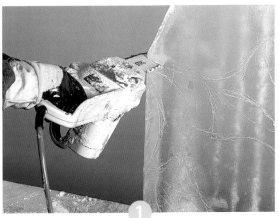

➥ Das Sujet auf den Eisblock aufskizzieren und die Umrisse mit der Kettensäge aussägen.

● Sketch the subject on the ice block and cut out its form with the chain saw.

▼ Esquisser le sujet sur le bloc de glace, puis débiter les contours à l'aide de la tronçonneuse.

■ Eseguire lo schizzo del soggetto e segare i contorni con la sega a catena.

➥ Mit dem grossen Flachmeissel den Fischen vorne und seitlich eine grob dreidimensionale Form geben.

● Get the fish into a rough three-dimensional shape from the front and side using a large fat chisel.

▼ Utiliser le grand ciseau plat pour tailler grossièrement la forme en trois dimensions, à l'avant et sur les côtés.

■ Servendosi dello scalpello piatto, abbozzare un'approssimativa forma tridimensionale dei pesci davanti e sul fianco.

Mr Carving

➥ Die Fische sind nur schön, wenn sie feingliedrig sind. Da die Skulptur aber eine gewisse Stabilität braucht, vor allem wenn sie transportiert werden muss, empfiehlt sich zusätzlich die Sujetwahl von Seegras unmittelbar oberhalb des Sockels.

● Fishes are only really beautiful if they are delicate. However, the sculpture does require stability, particularly if it is to be transported. We recommend placing it on a bed of sea grasses, which can be cut back immediately above the pedestal.

▼ Ces poissons ne sont beaux que s'ils sont finement taillés et articulés. Comme la sculpture demande toutefois une certaine stabilité, surtout si elle doit être déplacée, il est recommandé de faire reposer le sujet sur un lit de plantes aquatiques, taillé immédiatement sur le socle.

■ I pesci sono belli soltanto se ben proporzionati. Poiché la scultura necessita di una certa stabilità, soprattutto se deve essere trasportata, si consiglia anche di realizzare il soggetto alghe direttamente sopra lo zoccolo.

☞ Wenn die vordere Silhouette stimmt, die Fische auch hinten dreidimensional schnitzen. Nicht zu dünn, da die Figur durch weitere Verzierungen noch zierlicher wird.

● When the front form is satisfactory, carve the fish three-dimensionally from the rear as well. Do not make them too thin, as the figure will become even more delicate through additional decorative carving.

▼ Lorsque la partie avant de la silhouette est correcte, tailler également en trois dimensions sa partie arrière. Pas trop minces, parce que la figure deviendra plus fine encore, avec la sculpture des décorations.

■ Se il profilo anteriore è corretto, scolpire i pesci in modo tridimensionale anche sul retro, ma non troppo sottili perché la figura diverrà ancora più sottile con le ulteriori decorazioni.

Mr Carving

☞ Wir zeigen auf der nächsten Seite drei verschiedene Möglichkeiten, die Schuppen zu gestalten. Bei der Wahl spielen die Temperatur und der Zeitaufwand eine Rolle.

● On the next page, we illustrate three possible ways of creating fish scales. Temperature and the time available are important in the selection of the best method to be used.

▼ A la page suivante, nous vous montrons trois manières différentes de dessiner les écailles. La température et la durée de vie désirée jouent un rôle dans le choix de la méthode de taille.

■ Nella pagina successiva sono illustrate tre diverse possibilità per realizzare le squame. La scelta della modalità più adatta dipende dalla temperatura e dal tempo a disposizione.

☞ Sockel mit Seegras fertig meisseln. Wenn die Skulptur nicht transportiert werden muss, kann das Seegras feiner und transparenter geschnitzt werden.

● Cut off the sea grasses above the pedestal. If the sculpture does not have to be transported, the sea grasses can be arranged more finely and transparently.

▼ Achever la taille des plantes aquatiques sur le socle. Si la sculpture ne doit pas être déplacée, ces plantes pourront être travaillées de manière plus fine et plus transparente.

■ Con lo scalpello realizzare le alghe dello zoccolo. Se la scultura non deve essere trasportata, le alghe possono essere incise ancora più sottili e trasparenti.

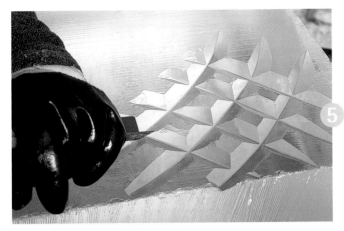

Schuppen · Scales · Ecailles · Squame

➥ Erste Version: Mit dem V-Meissel Längs- und Querrillen schnitzen. Diese schnellste Variante erzielt besonders an grossen Fischen eine gute Wirkung.

● First version: Cut longitudinal and transverse grooves using the V-chisel. This is the quickest method, and achieves particularly good results on large fish.

▼ Première version: avec le ciseau en V, tailler des rainures perpendiculaires. Cette méthode, la plus rapide, donne de bons résultats particulièrement sur les gros poissons.

■ Prima versione: incidere delle scanalature longitudinali e trasversali con lo scalpello a V. La variante più veloce produce un buon effetto soprattutto sui pesci più grandi.

➥ Zweite Version: Mit dem V-Meissel versetzte Halbkreise schnitzen. Diese aufwendigere Möglichkeit ergibt filigranere und elegantere Schuppen.

● Second version: Cut offset semi-circles using the V-chisel. This more time-consuming possibility gives finer and more elegant scales.

▼ Deuxième version: avec le ciseau en V, tailler des demi-cercles juxtaposés. Cette méthode prend plus de temps mais donne des écailles plus filigranées et plus élégantes.

■ Seconda versione: incidere dei semicerchi svasati con lo scalpello a V. Questa variante un po' più impegnativa produce squame più filigranate e eleganti.

➥ Dritte Version: Mit dem umgekehrten Rund-Meissel versetzt einstechen. Das Ergebnis ist eine Dekoration, die mit Vorteil nur bei kleinen Fischen angewendet wird. Bei wärmeren Temperaturen ist sie nicht empfehlenswert, da die Schuppen sehr schnell wegschmelzen.

● Third version: Pierce the ice at offset positions using an inverted round chisel. The result is a decoration at its best with small fishes. At warmer temperatures, this method is not recommended, as the scales will melt away very quickly.

▼ Troisième version: avec le ciseau arrondi tenu sens dessus dessous, tailler de fines encoches en quinconce. Cette méthode n'est intéressante que pour de petits poissons. En cas de température élevée, elle n'est pas recommandée car les écailles obtenues fondraient trop rapidement.

■ Terza versione: Intagliare in modo svasato con lo scalpello circolare rovesciato. Ne risulta una decorazione applicabile con successo solo sui pesci più piccoli. È sconsigliabile alle temperature più calde perché le squame si sciolgono velocemente.

Schale
Bowl
Coupe
Coppa

🠖 Ein vielseitig nutzbares Objekt, bei dem der Eisblock optimal ausgenützt werden kann und die Skulptur voluminös wirkt.

● This object can be used in many ways, and optimal use can thus be made of the ice block, which gives the sculpture a sense of volume.

🠗 Un objet aux multiples usages qui permet une utilisation optimale du bloc de glace et donne à la sculpture un effet de volume.

■ Un oggetto dai molteplici usi, dalla scultura voluminosa e che si ottiene con uno sfruttamento ottimale del blocco di ghiaccio.

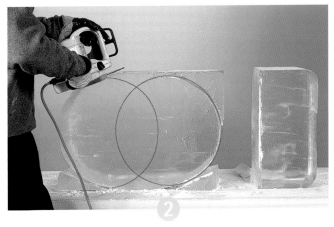

🠖 Den waagrecht liegenden Eisblock im Verhältnis 3:1 in zwei Teile einteilen. Im grösseren Abschnitt mit einem Zirkel zwei ineinander fliessende Kreise zeichnen, um ein gleichmässiges Oval zu erhalten.

● Divide a horizontally lying block into two pieces in the ratio of 3:1. Upon the larger of the two blocks, use a compass to draw two overlapping circles in order to obtain a regular oval shape.

🠗 Partager en deux le bloc posé horizontalement dans une proportion de 3:1. Sur la plus grande partie, tracer au compas deux cercles décalés de manière à obtenir un ovale régulier.

■ Suddividere il blocco di ghiaccio posto in orizzontale in due parti di rapporto 1:3. Nella parte più grande tracciare con un compasso due cerchi in modo da formare un ovale uniforme.

🠖 Den kleineren Teil wegschneiden, er dient später als Sockel. Mit der Kettensäge ein möglichst gleichmässiges Oval sägen, wobei oben in der Mitte anzufangen ist. Sobald der obere Teil weggesägt ist, das Oval umkehren und mit den weggeschnittenen Teilen stützen, um die zweite Seite zu sägen.

● Cut away the smaller part, which will later be used as the pedestal. Using a chain saw, cut an oval that is as even as possible, starting at the upper centre. As soon as the upper part has been sawn away, invert the oval and use the sawn-away part as a support whilst sawing the second side.

🠗 Débiter la petite partie, qui sera utilisée ensuite comme socle. Avec la tronçonneuse, scier l'ovale aussi régulièrement que possible en commençant au milieu de la partie supérieure. Dès que cette dernière est débitée, retourner le bloc et le caler avec les chutes pour pouvoir débiter l'autre côté de l'ovale.

■ Separare il pezzo più piccolo, servirà più tardi come zoccolo. Con la sega a catena segare un ovale il più uniforme possibile, cominciando al centro della parte superiore. Dopo aver segato la parte superiore, capovolgere l'ovale e utilizzare le parti scartate da sostegno. Quindi segare il secondo lato.

Schale • Bowl • Coupe • Coppa

▬ Das Oval mit der aufgezeichneten (schöneren) Seite nach unten legen. Für den Sockel in dessen Umfang wiederum ein Oval aufzeichnen. Mit dem grössten Flachmeissel von oben nach unten arbeitend die Schale abrunden.

● Lie down the oval with the drawn (better) side downwards. Draw an oval with the circumference of the pedestal. Using the flat chisel, round off the bowl working from the top to the bottom.

▼ Poser l'ovale obtenu avec sa plus belle face dessous. Tracer à nouveau un ovale correspondant à l'emplacement et à la dimension du socle. Arrondir la coupe en travaillant de haut en bas avec le plus grand ciseau plat.

▬ Porre l'ovale con il lato delineato (il lato migliore) verso il basso. Sulla sua superficie tracciare nuovamente un ovale per lo zoccolo. Dare la forma rotonda alla coppa utilizzando lo scalpello piatto grande e procedendo dall'alto verso il basso.

▬ Den abgeschnittenen kleineren Teil als Sockel mit der Schale verbinden (siehe Verleimtechnik Seite 21) und die Schale umkehren.

● Combine the cut-away smaller part with the bowl as its pedestal (see Gluing Technique, Page 21) and turn the bowl over.

▼ Assembler la pièce du socle avec la coupe (voir la technique de collage à la page 21) avant de la retourner.

▬ Unire alla coppa la parte piccola messa da parte come zoccolo (vedere la tecnica per incollare alla pagina 21) e rovesciare la coppa.

▬ Mit dem grössten Flachmeissel den Sockel runden. Oben und unten in ca. 5 cm Abstand vom Rand mit dem mittleren V-Meissel je eine tiefe Rille ziehen.

● Using a large flat chisel, round off the pedestal. Draw a deep groove above and below the edge with 5 cm separations using a medium V-chisel.

▼ Avec le grand ciseau plat, arrondir le socle. En haut et en bas, à 5 cm environ des bords de la coupe, tailler une profonde rainure avec le ciseau en V de grandeur moyenne.

▬ Smussare lo zoccolo servendosi dello scalpello piatto grande. Con lo scalpello a V medio tracciare in alto e in basso una scanalatura profonda a circa 5 cm di distanza dal bordo.

▬ Mit dem Rundmeissel den Sockel ausschmücken. Die Grösse der Formen wird durch den Rundmeissel bestimmt.

● Decorate the pedestal using the round chisel. The round chisel determines the size of the shapes.

▼ Décorer le socle à l'aide du ciseau arrondi. La forme et le rayon des arrondis est déterminée par le ciseau lui-même.

▬ Eseguire i decori dello zoccolo con lo scalpello circolare; la dimensione è determinata dallo scalpello circolare.

▬ Mit dem gleichen Rundmeissel unterhalb der oberen Rille entlang eine tiefe Rundung schnitzen.

● Using the same round chisel, cut a deep curvature underneath the upper rim.

▼ Avec le même ciseau arrondi, tailler une profonde gorge ronde au-dessous de la rainure supérieure de la coupe.

▬ Intagliare con lo stesso scalpello circolare al di sotto della scanalatura superiore.

⬤ Die Schale nach Belieben und in gewünschtem Stil verzieren.

● Decorate the bowl as you wish in the style of your choice.

▼ La coupe peut alors être décorée à votre gré et dans le style désiré.

■ Decorare la coppa a proprio piacimento e nello stile desiderato.

⬤ Oben wiederum mit dem Zirkel zwei Kreise einkerben, um ein gleichmässiges Oval zu erhalten. Es sollte ein Rand von ca. 5 cm stehen bleiben. Mit dem Rundmeissel die Schale aushöhlen.

● On the upper surface, carve two more circles using the compass in order to obtain a regular oval. A rim of approximately 5 cm should remain. Hollow out the bowl using a round chisel.

▼ Tracer à nouveau deux cercles décalés au compas sur la face supérieure pour former un ovale régulier, en veillant à laisser un bord de 5 cm environ. Creuser la coupe à l'aide du ciseau arrondi.

■ Incidere nella parte superiore altri due cerchi con il compasso, per ottenere un ovale uniforme. Lasciare un bordo di circa 5 cm di spessore. A questo punto scavare la coppa servendosi dello scalpello circolare.

Mr Carving

⬤ Immer wieder kontrollieren, wie weit die Schale ausgehöhlt wurde und ob keine Ecken sichtbar sind. Die innere Form sollte der äusseren Rundung angepasst sein.

● Continually check the depth to which the bowl should be hollowed and whether or not any corners are visible. The inner shape should be matched to the outer curve.

▼ Contrôler constamment la profondeur de la coupe et veiller à ce qu'il ne reste aucun angle visible. La forme de l'intérieur doit être adaptée à celle de l'extérieur.

■ Controllare sempre la cavità della coppa e verificare che non siano visibili spigoli. La forma interna deve essere adeguata alla forma bombata esterna.

Muschel
Shell
Conque
Conchiglia

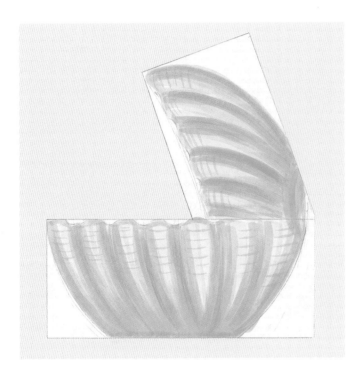

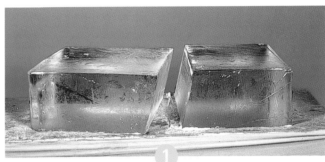

◄ Den 1 m langen Block mit leicht schrägem Schnitt in zwei Stücke zerteilen, wobei ein Teil ca. 60 cm und der andere ca. 40 cm lang sein sollte.

● Divide the 1 m long block into two pieces with a lightly angled cut, whereby one part should be approximately 60 cm long, and the other approximately 40 cm.

▼ Par une coupe légèrement oblique, scier le bloc de glace de 1 m en deux parties, l'une de 60 cm environ et l'autre de 40 cm environ.

■ Con un taglio leggermente obliquo dividere il blocco lungo 1 m in due pezzi, uno lungo 60 cm e l'altro 40 cm circa.

◄ Den grösseren Teil so auf die Tischfläche legen, dass die Schnittkante nach rechts zeigt. Den kleineren Teil mit der schrägen Seite nach unten auf die abgeschrägte Seite des liegenden Blocks kleben gemäss Technik Seite 21.

● Lay the larger part on the table surface so that the sawn off surface points to the right. Glue the smaller part onto the angled side of the flat block with its own angled side downwards, using the technique described on Page 21.

▼ Placer la plus grande partie sur la table, en orientant la face sciée vers la droite. Selon la technique exposée à la page 21, coller la plus petite partie sur la plus grande, la face oblique vers le bas et le bloc supérieur aligné à droite du bloc inférieur.

■ Porre la parte più grande sulla superficie del tavolo in modo che il bordo tagliato sia orientato verso destra. Utilizzando la tecnica descritta a pagina 21 incollare la parte più piccola sul lato segato del blocco posto sul tavolo con il lato obliquo verso il basso.

▼ Muschelform aufzeichnen. Mit der Kettensäge die äussere Form sägen. Dazu kann auch der Flachmeissel benutzt werden.

● Sketch the shape of the shell. Saw the outer shape using a chain saw. A flat chisel can also be used for this.

▼ Ebaucher la forme de la conque. A l'aide de la tronçonneuse, en tailler la forme extérieure. Le grand ciseau plat peut également être utilisé pour cette opération.

■ Tracciare la forma della conchiglia. Segare il profilo esterno con la sega a catena o con lo scalpello piatto.

▼ Mit dem grossen Flachmeissel die Muschel von oben nach unten hin abrunden.

● Using a large flat chisel, round off the shell from the top to the bottom.

▼ Utiliser le grand ciseau plat du haut vers le bas pour arrondir la conque.

■ Servendosi dello scalpello piatto grande, smussare la superficie della conchiglia dall'alto verso il basso.

▼ Nachdem die äussere Form schön gerundet ist, mit dem kleineren Rundmeissel in ca. 10 cm Abstand tiefe Rillen von oben beginnend nach unten ziehen.

● Once the outer shape has a good curvature, draw deep grooves staring from the top towards the bottom at a distance of approximately 10 cm between using the small chisel.

▼ Lorsque l'extérieur a pris une belle forme ronde, tailler de profondes rainures de haut en bas, à des intervalles de 10 cm environ, au moyen du petit ciseau arrondi.

■ Dopo aver dato una bella forma rotonda al profilo esterno, servirsi del piccolo scalpello circolare per eseguire dei solchi dall'alto verso il basso a distanza di circa 10 cm tra loro.

🔴 Mit dem umgedrehten grossen Flachmeissel links und rechts die Rillenkanten brechen.

🔵 Using an inverted large flat chisel, break the groove edges to the left and right.

🔻 Avec le grand ciseau plat retourné, casser les angles des rainures de gauche et de droite.

⬛ Spezzare a sinistra e a destra i bordi dei solchi con lo scalpello piatto ruotato.

🔴 Muschel mit dem Rundmeissel beliebig tief aushöhlen. Mit dem grossen Rundmeissel der äusseren Muschelform entsprechend innen tiefe Rillen ziehen.

🔵 Hollow out the shell to any depth using the round chisel. Using a large round chisel, draw deep grooves on the outer surface of the shell to correspond with the inner part.

🔻 Creuser la conque à la profondeur désirée à l'aide du ciseau arrondi. Avec le grand ciseau arrondi, tailler à l'intérieur des rainures d'une profondeur correspondante à celles de l'extérieur.

⬛ Con lo scalpello circolare, scavare l'interno della conchiglia per ottenere la profondità desiderata. Con lo scalpello circolare grande tracciare le scanalature profonde interne secondo la forma interna della conchiglia.

Mr Carving

🔴 Den besten, elegantesten Effekt erzielt man, wenn die innere Verzierung der äusseren angepasst ist.

🔵 The best and most elegant effect is achieved if the inner decoration matches that on the outside.

🔻 On obtient le meilleur effet et le plus élégant, en adaptant la décoration intérieure à celle de l'extérieur.

⬛ Per ottenere un effetto bello ed elegante, adeguare la decorazione interna a quella esterna.

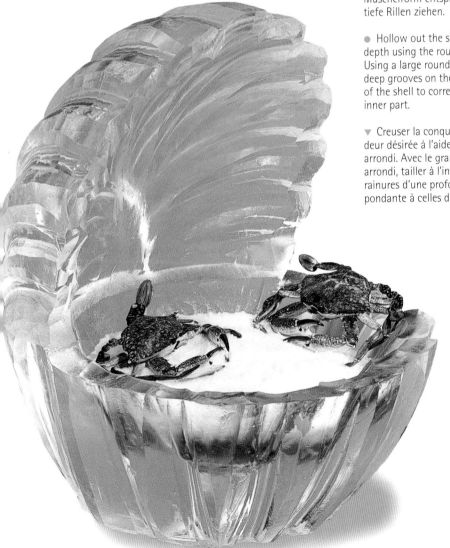

Füllhorn
Horn of plenty
Corne d'abondance
Cornucopia

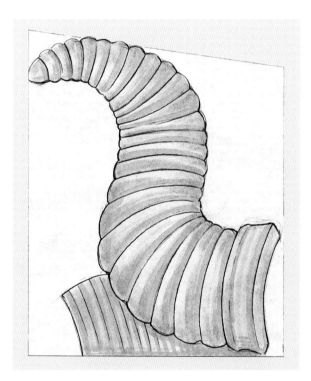

Mr Carving

🡒 Das Füllhorn in der Proportion zu dick aufzeichnen. Durch das Einkerben der Rillen wird viel Eis weggeschnitzt.

● Draw the horn of plenty with over-generous proportions. Through the cutting of the grooves, a lot of ice will be lost.

🡓 Au départ, tailler la corne d'abondance proportionnellement trop épaisse. La sculpture des stries fera disparaître ensuite la glace en excès.

■ Disegnare una cornucopia di proporzioni abbondanti, poiché intagliando le scanalature verrà tolto molto ghiaccio.

🡒 Den Block leicht schräg sägen, was eine besser ausnützbare Fläche ergibt. Das Füllhorn zusammen mit dem Sockel aufskizzieren.

● Cut the block at a slight angle, which will give a more useful surface. Sketch out the horn complete with pedestal.

🡓 Scier le bloc légèrement en biais, ce qui lui donnera une surface plus facile à utiliser. Esquisser la corne d'abondance et son socle.

■ Segare il blocco leggermente obliquo per ottenere una superficie sfruttabile migliore. Abbozzare la cornucopia insieme allo zoccolo.

⬤ Mit dem Flachmeissel die äusseren Konturen gestalten.

● Create the outer contours using the flat chisel.

▼ Tailler les contours extérieurs à l'aide du grand ciseau plat.

■ Realizzare i contorni esterni servendosi dello scalpello piatto.

⬤ Die geschwungene Form des Füllhorns ausarbeiten. Es ist einfacher, die Form zuerst auf einer Fläche zu entwickeln als gleich dreidimensional.

● Produce the curved shape of the horn. It is easier to develop the shape on one surface initially, before attempting this three-dimensionally straight away.

▼ Travailler l'ondulation de la corne d'abondance. Il est plus facile d'en développer la forme tout d'abord sur une surface que directement en trois dimensions.

■ Lavorare la forma bombata della cornucopia. È più semplice sviluppare dapprima la forma su una superficie, piuttosto che procedere subito nelle tre dimensioni.

⬤ Die Ringöffnung mit dem Flachmeissel runden und freilegen.

● Round off and free the ringed opening with a flat chisel.

▼ Avec le ciseau plat, dégager et tailler l'ouverture annulaire de la corne.

■ Arrotondare e scavare l'apertura rotonda con lo scalpello circolare.

⬤ Mit dem Eispick gleichmässig Rillen einritzen.

● Trace in even grooves using an ice pick.

▼ Tracer les rainures parallèles à l'aide du pic à glace.

■ Incidere i solchi in modo uniforme con la piccozza da ghiaccio.

⬤ Das Füllhorn mit dem Flachmeissel gleichmässig runden.

● Give the horn a regular curvature using the flat chisel.

▼ Arrondir régulièrement la corne d'abondance au moyen du ciseau plat.

■ Smussare la cornucopia uniformemente con lo scalpello piatto.

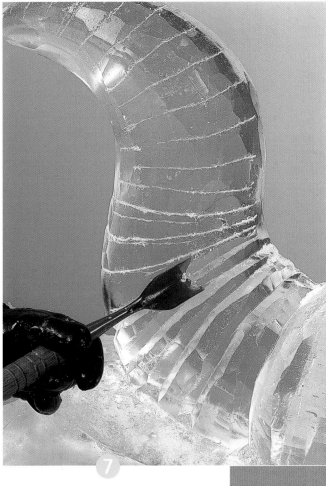

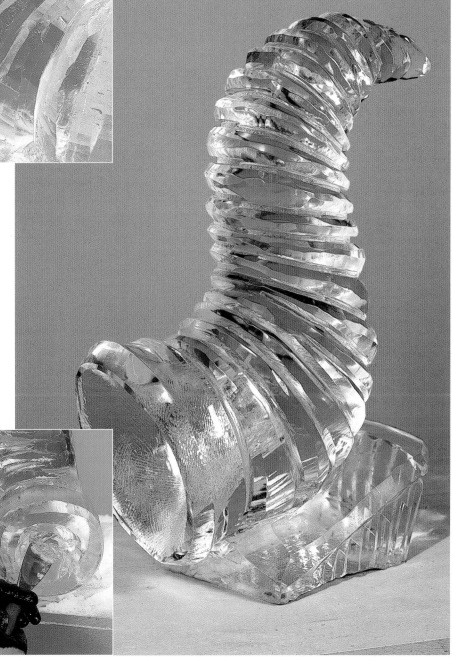

▬ Mit dem V-Meissel die Kerben tiefer einschnitzen.

● Cut the notches deeper with a V-chisel.

▼ Tailler plus profondément les rainures avec le ciseau en V.

■ Incidere ancora più in profondità i solchi con lo scalpello a V.

▬ Füllhorn von vorne mit dem Rundmeissel aushöhlen.

● Hollow out the horn of plenty from the front using the round chisel.

▼ Depuis l'avant, creuser l'ouverture de la corne d'abondance.

■ Scavare la cornucopia sul lato anteriore servendosi dello scalpello circolare.

53

Notenschlüssel
Treble clef
Clef de sol
Chiave di violino

➥ Sujet aufskizzieren. Darauf achten, dass die Rundungen stimmen und der Block gut ausgenützt wird.
Das Sujet mit Sockel aufzeichnen, weil das fertige Objekt meist in eine Wanne gestellt wird und der unterste Teil nicht sichtbar ist.

● Sketch out the subject, ensuring that the curvatures are correct and that good use will be made of the block.
Draw it with a pedestal, as the finished object is mostly placed in a recipian and the lower part would not be visible.

▼ Tracer l'esquisse de la clef en veillant à soigner les arrondis et à exploiter le bloc au mieux. Dessiner le sujet sur un socle, car la sculpture est souvent placée dans un bac, ce qui en cache la partie inférieure.

■ Eseguire lo schizzo del progetto, facendo attenzione a disegnare correttamente le forme rotonde e a sfruttare al meglio il blocco di ghiaccio.
Disegnare il soggetto con lo zoccolo, poiché una volta realizzata la scultura viene solitamente esposta in una vasca che nasconde la parte inferiore.

⌐ Den Umriss aussägen.

● Saw the outline.

▼ Découper la glace en suivant les contours de la clef.

■ Segare il profilo.

⌐ Sämtliche Zwischenräume der Skulptur heraussägen, damit sie eleganter wirkt. Dabei aber den Sockel nicht verkleinern, weil das Objekt einen sicheren Stand behalten muss.

● Saw out all intermediate spaces in the sculpture so that it has a more elegant appearance. Do not reduce the pedestal whilst doing this, however, because the object will need to be well supported.

▼ Découper tous les espaces vides de la sculpture pour lui donner plus d'élégance. Mais ne pas réduire la taille du socle pour préserver une bonne stabilité.

■ Ricavare con la sega gli interstizi della scultura, in modo da darle un aspetto più elegante. Fare però attenzione a non ridurre lo zoccolo per non compromettere la stabilità del soggetto.

⌐ Da es sich um eine zweidimensionale Figur handelt, muss sichergestellt sein, dass die entsprechenden Linien parallel verlaufen. Mit den passenden Meisseln fein ausarbeiten. Besonders die Rundungen beachten.

● As we are dealing here with a two-dimensional figure, we must ensure that the corresponding lines run parallel to one another. Carry out the fine work with a suitable chisel paying particular attention to the curves.

▼ Sachant qu'il s'agit d'un objet en deux dimensions, veiller à ce que les lignes soient bien parallèles. Effectuer la finition à l'aide des ciseaux adaptés. Soigner notamment les arrondis.

■ Poiché si tratta di una figura bidimensionale, assicurarsi che le linee abbiano uno scorrimento parallelo. Eseguire le rifiniture con lo scalpello adeguato avendo particolare cura per le linee rotonde.

Mr Carving

⌐ Die mit der Feinsäge bearbeiteten Stellen erzielen eine ganz spezielle Wirkung, die jedoch bei wärmeren Temperaturen durch das Schmelzen schnell verloren geht.

● The parts of the figure that are worked with a fine saw will have a very special effect, which will, however, be quickly lost at higher temperatures as the ice starts to melt.

▼ Tous les endroits travaillés à la scie à fine denture produisent un effet très caractéristique. Malheureusement, cet effet disparaît rapidement lorsque la glace fond.

■ I punti lavorati con il seghetto danno un effetto molto speciale che però si perde velocemente ad una temperatura più calda a causa dello scioglimento.

⌐ Alle Zwischenräume, die nicht mit dem Meissel zugänglich sind, mit der feinen Säge runden und glätten.

● Round out and smooth off all intermediate spaces that are not accessible to a chisel with a fine saw.

▼ Utiliser la scie à fine denture pour arrondir et lisser les espaces non accessibles au ciseau.

■ Arrotondare e lisciare con il seghetto tutti gli interstizi non raggiungibili con lo scalpello.

● Den Notenschlüssel nach Wunsch noch mit dem V-Meissel verfeinern.

● If so desired, the treble clef can be given a finer finish using a V-chisel.

▼ Le cas échéant, affiner encore la sculpture à l'aide du ciseau en V.

■ Rifinire ulteriormente a piacimento la chiave di violino usando lo scalpello a V.

● Mit dem Flachmeissel die Kanten ca. 1 cm breit abschrägen. Damit wird ein spezieller Effekt erzielt, weil das Licht gebrochen wird und die Figur plastischer erscheint.

● Using a flat chisel, slant the edges to a width of approximately 1 cm. This will produce a special effect, as the light will be refracted and give the figure a more vivid appearance.

▼ Biseauter les bords au ciseau plat sur une largeur d'environ 1 cm. Il en résulte un effet spécial produit par la réfraction de la lumière, ce qui donne plus de relief à la sculpture.

■ Smussare gli spigoli di circa 1 cm di larghezza servendosi dello scalpello piatto. Questa lavorazione è di particolare effetto perché scompone la luce facendo apparire la figura più plastica.

● Mit dem V-Meissel den Sockel mit Rillen verzieren. Zuerst seitlich Kerben einritzen, dann von der Mitte der Vorder- und Hinterseite nach aussen die Rillen verbinden.

● Using a V-chisel, decorate the pedestal with grooves. First trace in notches from the side, and then connect the grooves outwards from the centre of the front and rear sides.

▼ Décorer le socle en creusant des rainures à l'aide du ciseau en V. Commencer par faire des entailles sur les côtés, puis réunir les rainures en partant du milieu des faces avant et arrière.

■ Decorare lo zoccolo eseguendo delle scanalature con lo scalpello a V. Realizzare innanzitutto delle incisioni laterali e quindi, partendo dal centro del lato anteriore e posteriore, muovere verso l'esterno e congiungere le scanalature.

Harfe
Harp
Harpe
Arpa

◗ Die Harfe aufskizzieren. Der Sockel darf nicht zu dünn sein, damit die Standfestigkeit gewährt ist.

● Sketch out the harp. In order to ensure stability, the pedestal must not be too thin.

▼ Tracer l'esquisse de la harpe. Le socle doit être suffisamment épais pour assurer une bonne stabilité de la sculpture.

■ Disegnare l'arpa, facendo attenzione che lo zoccolo non sia troppo sottile da compromettere la stabilità.

◗ Der Länge nach beidseitig bis auf den Einschnitt des Harfenrahmens die zwei Eisplatten absägen. Darauf achten, dass der Harfenrahmen nicht verletzt wird.

● Working lengthwise, saw off the two ice plates on both sides down to the incisions in the frame of the harp. In doing this, ensure that the frame is not damaged.

▼ Des deux côtés, découper dans le sens de la longueur les deux plaques de glace jusqu'à l'entaille effectuée dans le cadre.

■ Segare nel senso della lunghezza le due lastre di ghiaccio su entrambi i lati fino all'intaglio del telaio dell'arpa, facendo attenzione a non danneggiare il telaio dell'arpa.

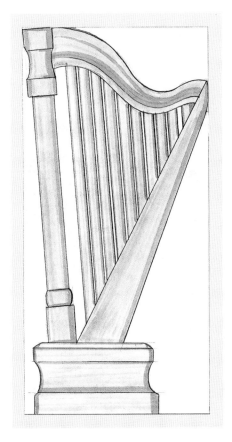

◗ Den Umriss aussägen. Den Harfenrahmen genauer einzeichnen und die hintere Längsseite mit der Kettensäge ca. 5 cm tief einsägen.

● Saw out the contours. Draw in the harp frame in more detail, and then use a chainsaw to cut into the rear longitudinal side of the harp to a depth of approx. 5 cm.

▼ Découper la glace en suivant les contours. Dessiner le cadre soigneusement et tracer, à l'arrière dans le sens longitudinal, une entaille d'environ 5 cm avec la tronçonneuse.

■ Segare il contorno. Incidere con precisione il telaio dell'arpa e utilizzare la sega a catena per incidere il lato longitudinale posteriore con una profondità di 5 cm.

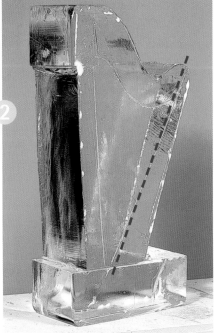

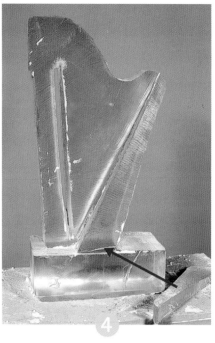

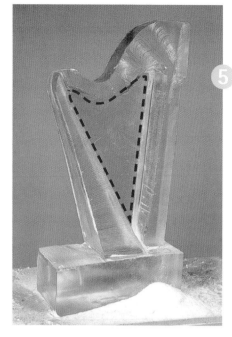

🌢 Um die für die Saiten vorgesehene Eisfläche vom Harfenrahmen abzuheben, den Rahmen ca. 4 cm tief einsägen und die Fläche bis auf den Einschnitt mit dem Flachmeissel wegschnitzen.

● In order to make the ice surface that will be used for the strings stand out from the frame, saw into it to a depth of approx. 4 cm, then cut away to the incision using a flat chisel.

▼ Pour séparer du cadre la surface destinée aux cordes, faire une entaille d'environ 4 cm et enlever la glace jusqu'à l'entaille à l'aide du ciseau plat.

■ Per distaccare dal telaio dell'arpa la superficie di ghiaccio prevista per le corde, segare il telaio con una profondità di circa 4 cm e lavorare la superficie fino all'intaglio con lo scalpello piatto.

🌢 Den seitlichen Abstand zwischen Saiten und Rahmen aussägen. Das hintere Rahmenstück schräg sägen, um eine elegantere Form zu erhalten.

● Cut out the space between the strings and the frame. Saw the rear part of the frame at an angle to give it a more elegant shape.

▼ Découper l'écart latéral entre les cordes et le cadre. Tailler en biais la partie arrière du cadre pour obtenir une forme plus élégante.

■ Con la sega ricavare la distanza laterale tra le corde e il telaio. Utilizzare la sega per tagliare obliquamente la parte posteriore del telaio e ottenere così una forma più elegante.

🌢 Den Harfenrahmen nach Belieben runden und verzieren.

● Round off and decorate the harp as you wish.

▼ Arrondir et ciseler le cadre à son goût.

■ Arrotondare la forma del telaio e decorare a piacere.

Die Saiten mit der Kettensäge aussägen. Wer darin ungeübt ist, kann für die Saiten mit dem V-Meissel Rillen ziehen.

● Cut out the strings with a chainsaw. If you are not experienced in doing this, you could cut grooves for the strings with a V-chisel.

▼ Découper les cordes à la tronçonneuse. Ceux qui manquent d'expérience peuvent tailler des rainures pour les cordes avec le ciseau en V.

■ Ricavare le corde utilizzando la sega a catena. I più esperti potranno utilizzare lo scalpello a V per eseguire delle scanalature.

Mr Carving

Die Saiten nicht zu dünn sägen. Das Faszinierende an ihnen ist, dass sie mit dem Schmelzen immer schmaler und damit realistischer werden.

● Do not cut the strings too thin. The fascinating element here is that they will become finer as the ice melts, and thereby, more realistic.

▼ Ne pas faire les cordes trop fines. Leur charme réside dans le fait qu'en fondant elles s'affinent de plus en plus et prennent ainsi un aspect de plus en plus réel.

■ Non realizzare delle corde troppo sottili. L'aspetto interessante delle corde è che sciogliendosi diventano sempre più sottili e conseguentemente più realistiche.

Den Sockel nach eigenem Gutdünken ausschnitzen und verzieren.

● Carve and decorate the pedestal to taste.

▼ Tailler et ciseler le socle à son goût.

■ Intagliare e decorare lo zoccolo a piacimento.

Tisch
Table
Guéridon
Tavolo

▬ Den Eisblock der Länge nach halbieren. Auf die beiden halben Blöcke je einen Kreis für die Tischplatten und mit einer Schablone zwei Tischbeine aufskizzieren.

● Cut the ice block in half lengthwise. On each of the two halves, sketch a circle for the table top or base and sketch out two legs using a template.

▼ Couper le bloc en deux dans le sens de la longueur. Tracer un cercle sur chacun des demi-blocs (pour les plateaux) ainsi que l'esquisse de deux pieds à l'aide d'un chablon.

■ Dividere a metà il blocco di ghiaccio nel senso della lunghezza. Disegnare su entrambe le metà un cerchio per i piani del tavolo e disegnare le gambe del tavolo servendosi di una sagoma.

▬ Beine und Tischplatten aussägen und mit dem Meissel säubern und runden.

● Saw out the table legs and tops and tidy them up, rounding off with a chisel.

▼ Découper les pieds et les plateaux, puis arrondir et parfaire au ciseau.

■ Utilizzare la sega per ricavare le gambe e i piani del tavolo, rifinire e arrotondare con lo scalpello.

3

➤ Sechs Teile braucht es für den Rohbau: eine Tischfläche, einen Sockel und vier Beine. Sie werden erst nach dem Zusammensetzen dekoriert.

● Six pieces are needed for the basic structure: one table top, a pedestal and four legs. They will be decorated after they have been mounted.

▼ Le guéridon se compose de six pièces: un plateau, un socle et quatre pieds. Les pièces ne seront ciselées qu'après leur assemblage.

■ Per la struttura di base sono necessarie sei parti: un piano del tavolo, uno zoccolo e quattro gambe. Queste parti dovranno essere decorate dopo la loro composizione.

4

➤ Die Beine gemäss Verleimtechnik Seite 21 mit dem Tischsockel verbinden. Es lohnt sich, die Abstände auszumessen, damit die Flucht der Tischbeine, d.h. die Anordnung von jeweils zwei Stützen in gerader Linie, stimmt.

● Connect the legs to the table base using the gluing technique described on Page 21. It is best to measure the distance between them, so that the line of the table legs, i.e. the arrangement of any two supports in a straight line, is correct.

▼ Coller les pieds et le socle selon la technique décrite à la page 21. Il est recommandé de mesurer les écarts pour que les pieds soient bien alignés, c'est-à-dire qu'un pied se trouve toujours exactement en face d'un autre.

■ Unire le gambe allo zoccolo servendosi della tecnica per incollare descritta alla pagina 21. È consigliabile misurare le distanze in modo che le gambe del tavolo siano correttamente allineate, ossia ogni coppia sia disposta in linea retta.

5

➤ Tischfläche auf die Beine setzen und wenn nötig mit der Handsäge so lange ausrichten, bis alle Stützen flach auf der Tischplatte aufliegen.

● Place the table surface (table top) on the legs. If necessary, align using a handsaw until all four supports lie flat on the table top.

▼ Placer le plateau sur les pieds et, le cas échéant, rectifier à la scie à main jusqu'à ce que les supports et le plateau aient une surface de contact bien plane.

■ Porre il piano del tavolo sulle gambe e se necessario utilizzare la sega a mano per pareggiare i supporti su cui deve poggiare il piano.

Mr Carving

➤ Vor dem Aufsetzen der Platte mit einem Stück Holz oder einem Massstab die gleiche Höhe der Beine kontrollieren.

● Before placing the table top in position, check that all the legs are at the same height using a piece of wood or a ruler.

▼ Avant de poser le plateau, vérifier à l'aide d'un morceau de bois ou d'un mètre de menuisier que les pieds sont tous de la même hauteur.

■ Prima di porre il piano del tavolo, controllare che tutte le gambe siano alte uguali utilizzando un metro o un pezzo di legno.

6

➤ Hat der Tisch eine gerade Anzahl Beine, ist es wichtig, dass die Flucht der Beine stimmt. Sie muss kontrolliert und je nachdem mit dem Flachmeissel oder der Säge ausgebessert werden. Wenn alles korrekt ist, die Tischplatte verleimen.

● If the table has an even number of legs, it is important that their line is correct. You must check this, and improve it where necessary using a flat chisel or the saw. When everything is correct, glue the table top to the legs.

▼ Si les pieds du guéridon sont en nombre pair, il est important qu'ils se trouvent dans un alignement exact. Contrôler et rectifier à l'aide du ciseau plat ou de la scie et ne coller le plateau que lorsque tout est parfait.

■ Se il tavolo ha un numero pari di gambe, è importante che il loro allineamento sia corretto. Controllarlo ed eventualmente correggerlo con la sega o con lo scalpello piatto. Quando sarà corretto, incollare il piano del tavolo.

⬛ Tischbeine verzieren. Die beste Wirkung wird erzielt, wenn die Ausschmückung mit der Rundung der Beine übereinstimmt.

● Decorate the table legs. They will be shown to their best advantage when the ornamentation matches the curve.

▼ Décorer les pieds de la table. Pour obtenir un effet optimal, le motif doit être en harmonie avec leur courbure.

⬛ Decorare le gambe del tavolo. Si ottiene il miglior effetto se la decorazione si armonizza con la rotondità delle gambe.

⬛ Immer wieder vom Tisch wegtreten, um die Wirkung der Ornamente zu überprüfen. Wie immer gilt der Grundsatz: weniger ist oft mehr!

● Repeatedly step away from the table to check the effect of the ornamentation. As always, the basic principle is: little is often enough!

▼ Il est recommandé de reculer régulièrement de quelques pas pour observer l'effet obtenu. Ici aussi s'applique le principe selon lequel le mieux est souvent l'ennemi du bien!

⬛ Allontanarsi di tanto in tanto dal tavolo per verificare l'effetto degli ornamenti. Come sempre vale il principio: meglio poco che troppo!

Schlitten
Sleigh
Traîneau
Slitta

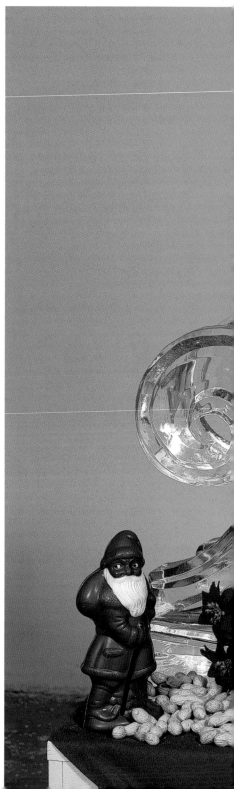

①

- Schlitten aufskizzieren.
- Sketch out the sleigh.
- Tracer l'esquisse du traîneau.
- Eseguire il disegno della slitta.

● Den Umriss aussägen und den Schlitten freilegen.

● Cut out the shape and then open up the form of the sleigh.

▼ Dégager le traîneau en sciant la glace selon les contours.

■ Segare il contorno per ricavare la sagoma della slitta.

◗ Mit dem Flachmeissel die Rundungen meisseln. Bei diesem Sujet speziell darauf achten, dass die Flucht stimmt und alle Rundungen gleichmässig verlaufen.

● Carve the rounded parts using a flat chisel. Pay special attention that the lines are correct and the curves run evenly for this subject.

▼ Effectuer les arrondis à l'aide du ciseau plat. Pour ce sujet, il est important de veiller à un alignement exact et à la régularité des arrondis.

■ Utilizzare lo scalpello piatto per scolpire le forme arrotondate. Per questo soggetto è necessario fare attenzione in particolare al corretto allineamento e all'uniformità di tutte le forme arrotondate.

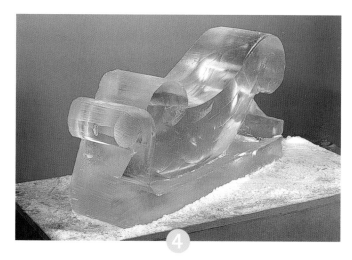

◗ Um den Schlitten leichter wirken zu lassen, mit dem grossen Flachmeissel den Korb und die Kufen schmaler und leicht abgeschrägt meisseln.

● To make the sleigh appear lighter, carve the basket and the runners slightly narrower and at an angle using a large flat chisel.

▼ Le traîneau aura une apparence plus légère si le cadre et les patins sont plus étroits et légèrement biseautés. Pour cette opération, utiliser le grand ciseau plat.

■ Per dare una forma più leggera alla slitta, servirsi dello scalpello piatto grande per scolpire il cesto e i pattini più sottili e leggermente inclinati.

◗ Den Schlittenkorb aushöhlen. Der Innenraum sollte der äusseren Form angepasst sein. Nach Belieben verzieren.

● Hollow out the basket of the sleigh. Its inner contours should match the outer form. Decorate as desired.

▼ Creuser l'intérieur du traîneau en veillant à adapter les contours intérieurs à la ligne extérieure. Ciseler selon ses préférences.

■ Scavare il cesto della slitta. Lo spazio interno deve essere adeguato alla forma esterna. Decorare a piacere.

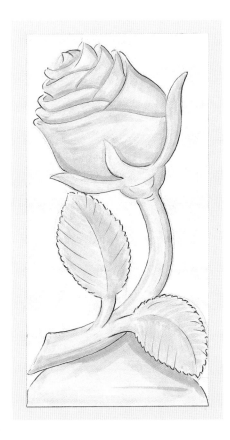

☞ Ein Schaustück, das ausschliesslich mit Meisselwerkzeug hergestellt wurde.

● An show piece that is created using hand chisels only.

▼ Une pièce d'exposition réalisée entièrement au moyen des outils à main.

■ Un oggetto da esposizione realizzato esclusivamente con lo scalpello.

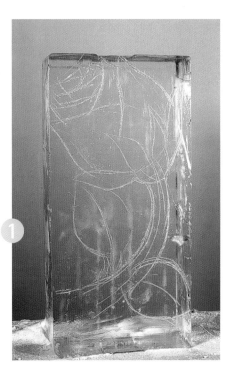

☞ Rose mit zwei Blättern aufskizzieren. Darauf achten, dass der Eisblock gut ausgenützt ist.

● Sketch out a rose with two leaves. In doing this, ensure that you make good use of the ice block.

▼ Esquisser la rose avec ses deux feuilles. Veiller à utiliser de manière optimale le bloc de glace à disposition.

■ Fare lo schizzo di una rosa con due foglie. Fare attenzione a sfruttare in modo ottimale il blocco di ghiaccio.

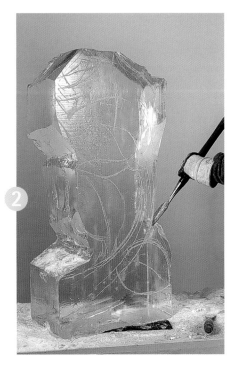

☞ Rundherum den Konturen entlang wegmeisseln. Da nur mit Meisseln gearbeitet wird, unterlegt man mit Vorteil eine Antirutschmatte, damit der Block nicht rutscht und mit der Ausführung zügig vorangeschritten werden kann.

● Carve away the contours all around the block. As you will only be working with chisels, it is best to place an anti-slip mat under the block so that it will not slip, and you will be able to progress more quickly.

▼ Tailler les contours pour dégager le sujet. Comme on ne travaille qu'avec les ciseaux, on aura avantage à placer le bloc sur un tapis antidérapant pour éviter qu'il ne glisse et pour pouvoir ainsi accélérer l'exécution.

■ Incidere con lo scalpello tutto attorno ai contorni. Poiché si lavora solo con lo scalpello, è consigliabile porre una stuoia antiscivolo sotto al blocco di ghiaccio, per evitare che questo scivoli e poter continuare a lavorare velocemente.

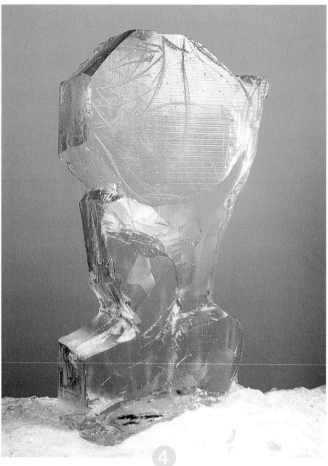

▬ Zu entstehender Hohlraum mit dem Flachmeissel leicht schräg anmeisseln, um schrittweise in die Tiefe zu gelangen.

● Chisel out the hollows area holding the flat chisel at a slight angle, in order to achieve depth progressively.

▼ Pour générer le creux, ciseler légèrement en biais pour parvenir progressivement en profondeur.

■ Scolpire una cavità servendosi dello scalpello piatto e incidendo in modo leggermente obliquo in modo da aggiustare la profondità progressivamente.

▬ Den Blätterkelch freilegen und die Blütenform ausbilden.

● Open up the leaf calyx and form the shape of the petals.

▼ Dégager les sépales et sculpter la forme de la corolle.

■ Realizzare il calice e dare la forma al fiore.

▬ Die Rundungen und Vertiefungen an der Skulptur fortführen. In dieser Phase ist es wichtig, die Form stets zu kontrollieren und die Hohlräume immer wieder nachzuzeichnen bzw. weiter zu vertiefen.

● Carve out the curves and the hollows of the sculpture. In this phase, it is important to continually check the shape and to redraw and/or further deepen these hollow areas.

▼ Accentuer les arrondis et les parties creuses de la sculpture. Dans cette phase, il est important de contrôler constamment la forme et de retracer et approfondir les espaces creux.

■ Eseguire sulla scultura le parti arrotondate e quelle cavate. In questa fase controllare sempre la forma e correggere sempre le parti cave, aumentandone la profondità se necessario.

▬ Da der Block zu wenig dick ist, kann die Rose auf der Hinterseite nicht dreidimensional geschnitzt werden.

● The rose cannot be cut out in three dimensions on its rear side, as the block is too thin.

▼ Comme le bloc n'est pas suffisamment épais, la forme de la rose ne peut pas être sculptée en trois dimensions sur sa face arrière.

■ Poiché il blocco ha uno spessore troppo ridotto, non è possibile dare una forma tridimensionale alla rosa sul lato posteriore.

➥ Mit dem V-Meissel Blüten-blätter tief markieren (Rillen schnitzen).

● Mark the petal leaves deeply with a V-chisel (cut grooves).

▼ Avec le ciseau en V, marquer profondément les contours des pétales (en taillant des rainures).

■ Tracciare in profondità le foglie del fiore servendosi dello scalpello a V (incidere i solchi).

➥ Kontinuierlich zur Blütenmitte hinarbeiten. Die Blüte jeweils von den Rillen her mit dem Flachmeissel runden.

● Work continually towards the centre of the petals. Always round them off from the grooves, using a flat chisel.

▼ Travailler toujours en allant vers le centre de la fleur. Arrondir la corolle à partir de chaque rainure.

■ Lavorare costantemente verso il centro del fiore. Arrotondare la forma del fiore partendo dalle scanalature e utilizzando lo scalpello circolare.

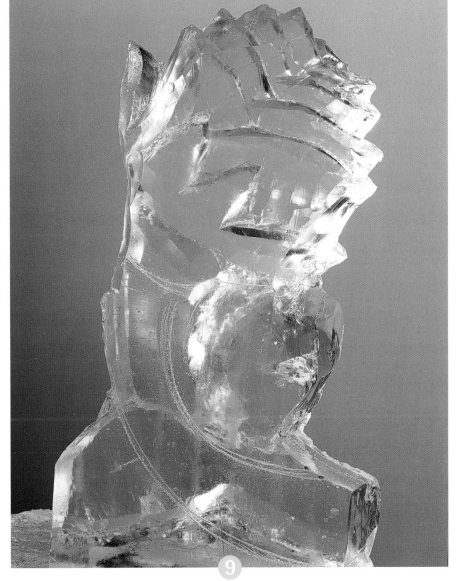

Mr Carving

➥ Die Blüte nicht zu fein meisseln, sonst erkennt man beim Schmelzen das Sujet schnell nicht mehr.

● Do not chisel the petals too finely, as otherwise the object will quickly become unrecognisable as it melts.

▼ Ne pas sculpter trop fins les détails de la corolle, sinon le sujet disparaît trop rapidement lors de la fonte.

■ Non scolpire un fiore troppo sottile, per evitare che perda velocemente la forma a causa del disciogliersi del ghiaccio.

➥ Figur drehen. Auf der Hinterseite den Stiel aufskizzieren, damit der Durchbruch einfacher gelingt.

● Turn the figure. On the rear side, sketch out the stem, so that the breakthrough will be easier.

▼ Retourner la sculpture. Esquisser la tige sur la face arrière pour en faciliter la taille.

■ Ruotare la figura. Tracciare lo stelo sul lato posteriore, in modo che sia più facile scolpirlo.

▬ Die Blätter freilegen. Damit der Stiel dünn geschnitzt werden kann und die Stabilität des Objekts trotzdem gewahrt bleibt (vor allem bei einem Transport), ein Blatt mit der Blüte verbunden lassen.

● Cut out the leaves. In order to be able to cut the stem as finely as possible, nevertheless ensuring the stability of the object (above all for transport), leave one leaf connected to the petals.

▼ Dégager les feuilles. Pour que la tige puisse être sculptée assez fine sans que l'objet ne perde sa stabilité (surtout en cas de transport), laisser une des feuilles attachée à la corolle.

■ Scolpire le foglie. Per ottenere uno stelo sottile pur assicurando la stabilità dell'oggetto (soprattutto se deve essere trasportato), lasciare una foglia unita al fiore.

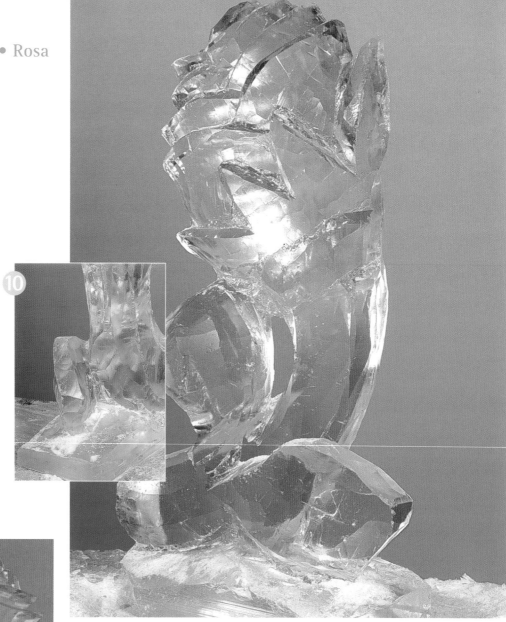

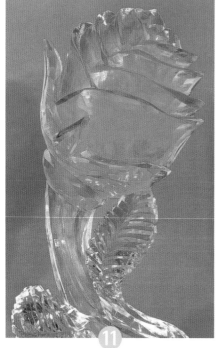

▬ Die Rose fein ausarbeiten. Den Stiel so dünn wie möglich schnitzen.

● Work in the fine detail of the rose. Cut the stem as thinly as possible.

▼ Affiner l'ensemble de la rose. Tailler sa tige aussi fine que possible.

■ Rifinire la forma della rosa e incidere lo stelo il più sottile possibile.

Mr Carving

▬ Die Technik, das Kunstwerk ausnahmslos mit Meisselwerkzeug zu bearbeiten, kann selbstverständlich für viele andere Objekte gewählt werden. Sie bietet sich insbesondere dann an, wenn keine Stromquelle vorhanden ist oder ganz einfach das Schnitzen ohne Säge bevorzugt wird.

● The technique of only using hand chisels on the artwork can also be chosen for many other objects. This is particularly the case when no power source is available or quite simply, if you prefer carving without using a saw.

▼ Cette technique de sculpture de l'œuvre d'art à l'aide des ciseaux uniquement peut naturellement être utilisée pour de nombreux autres objets. Elle convient en particulier lorsque aucune source de courant n'est disponible sur place ou si l'on préfère simplement travailler sans scie électrique.

■ La tecnica per realizzare l'opera usando soltanto lo scalpello può essere utilizzata anche per molte altri oggetti. È particolarmente indicata quando non sono disponibili prese di corrente o se si preferisce eseguire l'incisione senza ricorrere alla sega.

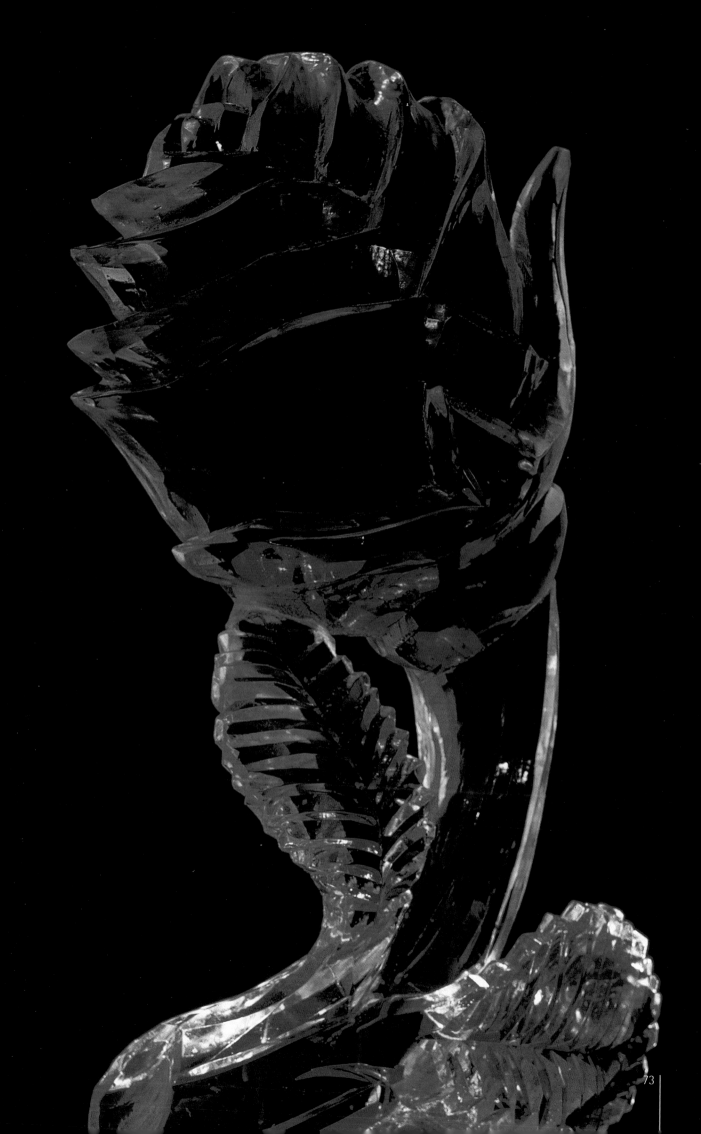

Schneestern
Snowflake
Flocon de neige
Cristallo di neve

➡ Ein winterliches Motiv, bei dem die Handhabung der Kettensäge trainiert werden kann. Der Schneestern ist ein ideales Objekt für Ihr Buffet. Wenn er zu schmelzen anfängt, schmilzt er gleichmässig und bezaubert die Gäste bis zum Ende.

● This wintry subject gives you an opportunity to practice working with the chainsaw. The snowflake is an ideal object for your buffet. As it starts to melt, it does so evenly, and will keep your guests fascinated to the very end.

▼ Ce motif hivernal est parfait pour apprendre à manier la tronçonneuse. Idéal pour décorer votre buffet, le flocon de neige fond régulièrement et reste ainsi un spectacle enchanteur jusqu'à la fin.

■ Un motivo invernale con cui è possibile esercitare l'uso corretto della sega a catena. Il cristallo di neve è un soggetto ideale per il buffet. Lo scioglimento avviene uniformemente, affascinando così gli ospiti fino all'ultimo.

➡ Den Eisblock halbieren, jedoch unten nicht ganz durchsägen, sondern einen Sockel stehen lassen. Die beiden Teile an den längeren Schmalseiten miteinander verleimen gemäss Technik Seite 21.

● Halve the ice block, but do not cut it through completely at the bottom, leaving a base standing. Glue the two parts together at their longer, narrow sides using the technique described on Page 21.

▼ Couper le bloc en deux, mais pas complètement. Laisser un socle. Assembler les deux parties en collant l'un contre l'autre les deux longs côtés étroits selon la technique décrite à la page 21.

■ Dividere il blocco in due metà, senza però segare completamente in basso, lasciare bensì uno zoccolo. Incollare le due parti per i lati lunghi e sottili seguendo la tecnica di pagina 21.

Schneestern • Snowflake • Flocon de neige • Cristallo di neve

➥ Wenn die Schablone nur einmal verwendet wird, kann man zum Einritzen auch mit der Kettensäge den Umrissen entlangfahren, was viel Zeit einspart.

● If the template is only to be used once, you can also run along the outline with the chain saw, which saves a great deal of time.

▼ Si le modèle ne doit pas resservir, il est possible d'utiliser la tronçonneuse pour passer sur les lignes du modèle, ce qui fait gagner beaucoup de temps.

■ Se la sagoma non deve essere riutilizzata è possibile passare sulle linee del profilo anche con la sega a catena, risparmiando così molto tempo.

➥ Gewünschtes Muster auf ein Papier zeichnen oder Vorlagen von Seite 133 benützen. Das Papier leicht befeuchten und auf das Eis auflegen. Mit dem gezackten Vorlagemarkierer dem Muster nachfahren. Wenn das Objekt symmetrisch sein soll, kann auch nur eine Hälfte oder ein Viertel des Musters auf das Papier vorgezeichnet werden.

● Draw the desired pattern on a piece of paper or use a pattern as described on Page 133. Slightly dampen the paper and lay it on the ice. Using the serrated pattern marker, trace out the pattern. If the object should be symmetrical, you can also only draw a half or a quarter of the pattern on the paper.

▼ Dessiner le motif désiré sur une feuille de papier ou prendre le modèle figurant à la page 133. Humidifier légèrement le papier et le poser sur la glace. Passer sur les lignes du modèle avec le marqueur dentelé. En cas de motif symétrique, il est possible de dessiner un modèle qui constitue seulement une moitié ou un quart du motif complet.

■ Disegnare su carta il motivo desiderato o utilizzare i modelli di pagina 133. Inumidire leggermente la carta e porla sul ghiaccio. Passare sulle linee del modello con il marcatore dentellato. Se l'opera deve essere simmetrica è possibile disegnare su carta anche solo una metà o un quarto del modello.

➥ Von oben beginnend alle nicht benötigten Teile des Schneesterns mit der Kettensäge aussägen. Dabei ist es wichtig, die Säge möglichst flach und gleichmässig zu führen.

● Starting from the top, saw away all parts of the snowflake that will not be needed using the chain saw. In doing this, it is important to guide the saw as flatly and evenly as possible.

▼ En commençant par le haut, enlever à la tronçonneuse toutes les parties inutiles du flocon. Autant que possible, veiller à tenir la tronçonneuse à plat et à scier régulièrement.

■ Cominciando dall'alto, asportare con la sega a catena tutte le parti non necessarie del cristallo di neve. È importante cercare di guidare la sega nel modo più piano e uniforme possibile.

⬤ Mit dem Flachmeissel alle Sägespuren und Unebenheiten entfernen sowie die Kanten brechen.

⬤ Using the flat chisel, remove all sawing traces and any unevenness, and then shape the edges.

▼ Avec le ciseau plat, éliminer toutes les inégalités et traces de sciage et casser les arêtes.

■ Eliminare tutti i segni della sega e le irregolarità servendosi dello scalpello piatto e spezzare gli spigoli.

⬤ Mit dem V-Meissel nach Belieben Rillen als Verzierungen eingravieren.

⬤ Using the V-chisel, carve decorative grooves as wished.

▼ Décorer à volonté en creusant des rainures avec le ciseau en V.

■ Incidere delle scanalature con lo scalpello a V per eseguire delle decorazioni a piacere.

Mr Carving

⬤ Bei dieser Skulptur können Sie Ihre persönlichen Fertigkeiten mit der Säge überprüfen. Wenn der Schneestern vorne und hinten gleich aussieht, haben Sie beachtliche Fähigkeiten. Zudem gilt: Je perfekter gesägt wird, desto weniger muss mit dem Meissel korrigiert werden.

⬤ You can use this sculpture to check your skills with the ice saw. Only a talented carver can produce a snowflake that looks the same from both the front and the rear. The following also applies: the more perfectly you carry out the sawing, the fewer corrections you will have to carry out with the chisel.

▼ Cette sculpture vous permettra de tester votre aptitude à travailler à la tronçonneuse. Si votre flocon est identique devant et derrière, vous avez des facultés remarquables. Rappelez-vous que plus le sciage est parfait, moins il faudra rectifier au ciseau.

■ Con questa scultura è possibile mettere alla prova le proprie capacità nell'uso della sega. Se il cristallo di neve appare uniforme davanti e dietro le vostre capacità sono notevoli. Vale inoltre il principio seguente: migliore l'uso della sega e minori saranno le correzioni da eseguire con lo scalpello.

Logos
Logos
Logos
Loghi

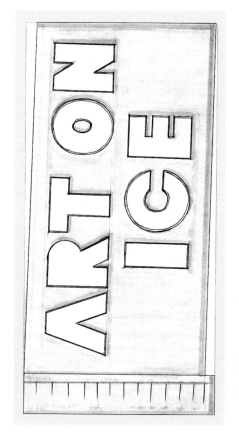

➥ Den Eisblock gemäss Wunsch zuschneiden. Der Künstler hat hier den Block leicht schräg gesägt, um ihm einen eleganteren Effekt zu verleihen.

● Cut the ice block according to your needs. Here, the artist has sawn the block at a slight angle in order to give it more elegance.

▼ Débiter le bloc à la forme désirée. Ici, l'artiste a scié son bloc légèrement en biais pour lui conférer une certaine élégance.

■ Tagliare un blocco delle dimensioni desiderate. Qui l'artista ha segato il blocco leggermente obliquo per conferirgli un aspetto più elegante.

➥ Den gewünschten Schriftzug einritzen. Ungeübte können den Schriftzug auf Papier vorzeichnen und die Vorlage in gleicher Weise wie beim Schneestern (Seite 74) aufkopieren.

● Trace the desired lettering. If you do not have sufficient experience, you can draw the characters on a piece of paper, and then copy them in the same way as used for the snow star (Page 74).

▼ Tracer l'inscription désirée. Les personnes peu exercées peuvent tout d'abord la dessiner sur papier, puis la reporter sur la glace selon le même principe que le flocon de neige (voir page 74).

■ Incidere la scritta desiderata. Chi ha meno pratica può prima disegnare la scritta su carta e copiare poi l'originale come avviene per il cristallo di neve (pagina 74).

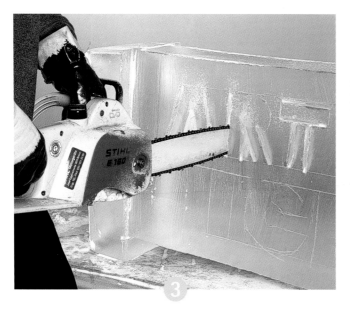

☞ Alle geraden Buchstabenstriche mit der Kettensäge ca. 3 cm tief einsägen.

● Cut in the straight strokes of the characters to a depth of approximately 3 cm using the chain saw.

▼ Avec la tronçonneuse, entailler à 3 cm environ de profondeur tous les traits droits des caractères.

■ Intagliare tutti i segni dritti delle lettere con la sega a catena a circa 3 cm di profondità.

☞ Mit der elektrischen Fräse oder dem V-Meissel (braucht allerdings viel mehr Zeit) die mit der Kettensäge nicht zugänglichen Buchstabenrundungen ebenfalls ca. 3 cm tief einfräsen respektive einmeisseln. Darauf achten, dass keine Ecken abbrechen.

● Using an electrical cutter or V-chisel (which will take much longer), cut or carve the round parts of the letters that could not be made by chain saw, to a depth of approximately 3 cm. In doing this, take care that no edges break off.

▼ A l'aide de la fraise électrique ou du ciseau en V (ce qui bien sûr prendra plus de temps), fraiser ou tailler également à la profondeur de 3 cm environ tous les arrondis des caractères non accessibles par la tronçonneuse. Veiller à ne pas abîmer les angles.

■ Con la fresa elettrica o lo scalpello a V (ciò richiede però più tempo) incidere le linee curve delle lettere non raggiungibili con la sega a catena, sempre con una profondità di 3 cm. Fare attenzione a non rompere gli spigoli.

☞ Mit dem kleinen Flachmeissel die Buchstaben feinsäuberlich ausmeisseln.

● Chisel out the letters in fine detail using a flat chisel.

▼ Avec le petit ciseau plat, finir de dégager minutieusement les caractères.

■ Con lo scalpello piccolo piatto rifinire e ripulire le lettere.

☞ Um genügend feinen Schnee zum Füllen der Buchstaben zu erhalten, mit der Kettensäge Reststücke zersägen und den Schnee in einem Kübel auffangen.

● To obtain enough fine snow to fill in the letters, saw up leftover pieces with a chain saw, and collect the snow in a bucket.

▼ Pour disposer de suffisamment de neige fine afin de remplir les creux des caractères, scier à la tronçonneuse des restes de blocs et conserver la neige obtenue dans un bidon.

■ Per ottenere abbastanza neve da riempire le lettere, segare con la sega a catena i pezzi residui e raccogliere la neve in un secchio.

➥ Mit der feinen Eissäge die Unebenheiten des Schnees säubern.

● Tidy up any unevenness of the snow using a fine ice saw.

▼ Avec la scie à glace fine, éliminer les inégalités de la neige.

■ Levigare le irregolarità della neve con la sega da ghiaccio sottile.

➥ Die ausgeschnitzten Buchstaben mit sauberem Schnee füllen. Die Hohlräume müssen kompakt gefüllt sein, da sämtliche Löcher nachher sichtbar sind.

● Fill the cut-out letters with clean snow. The hollowed areas must be completely filled, as any holes will become visible later.

▼ Remplir de neige propre les parties creuses des caractères. Ces creux doivent être comblés de manière compacte, car le moindre trou sera visible par la suite.

■ Riempire le lettere rifinite con neve pulita. Gli spazi cavi devono essere riempiti in modo compatto poiché in seguito sono evidenti tutti i buchi.

Mr Carving

➥ Wenn die Skulptur transportiert werden muss, ist es von Vorteil, die Ecken und Kanten abzurunden. Schon ein kleiner Schlag kann genügen, dass scharfe Kanten beschädigt und Ecken abgesplittert werden.

● If the sculpture has to be transported, it is best to round off all edges and corners. Even a slight blow can be enough to damage sharp edge or break off a corner.

▼ Si la sculpture doit être transportée, il vaut la peine d'en arrondir les angles et les arêtes. Le moindre choc sur une partie aiguë peut être suffisant pour en faire jaillir un éclat.

■ Se la scultura deve essere trasportata, è consigliabile smussare i bordi e gli spigoli. Basta un piccolo urto per danneggiare gli angoli e frantumare gli spigoli.

Zahlen
Numbers
Chiffres
Numeri

- Block der Länge nach in vier gleiche Stücke einteilen. Die Jahreszahl aufskizzieren oder mit einer Schablone aufkopieren.

- Cut the ice block lengthwise into four equal pieces. Sketch out the year number or copy it using a template.

- Diviser le bloc dans le sens de la longueur en quatre parties égales. Tracer sur la glace l'esquisse des chiffres, éventuellement à l'aide d'un chablon.

- Suddividere il blocco nel senso della lunghezza in quattro parti uguali. Disegnare i numeri che compongono l'anno oppure tracciarli servendosi di una sagoma.

Mr Carving

- Aus Gründen der Stabilität die Zahlen wenn möglich aneinander hängen. Das gilt vor allem dann, wenn ein Transport der Skulptur nötig ist.

- For stability reasons, have the numbers touching each other wherever possible. This is particularly important if the sculpture has to be transported.

- Pour des raisons de stabilité, veiller si possible à attacher les chiffres ensemble. Cette precaution est notamment recommandée si la sculpture doit être transportée.

- Per motivi di stabilità, porre i numeri il più possibile gli uni vicino agli altri. Questo soprattutto se la scultura deve essere trasportata.

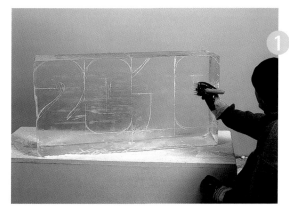

- Die Zahlen freisägen. An den Kontaktstellen der Zahlen mit der Kettensäge eine Rille ziehen. Darauf achten, dass der Sockel nicht beschädigt wird.

- Cut out the numbers with a saw. On the contact side of the numbers, draw out a groove with a chain saw. In doing this, ensure that the pedestal does not become damaged.

- Scier la glace en suivant les contours des chiffres. Aux endroits où les chiffres se touchent, creuser une rainure à l'aide de la tronçonneuse. Veiller à ne pas abîmer le socle.

- Utilizzare la sega per scolpire i numeri. Dove questi si uniscono, tracciare una scanalatura servendosi della sega a catena. Fare attenzione a non danneggiare lo zoccolo.

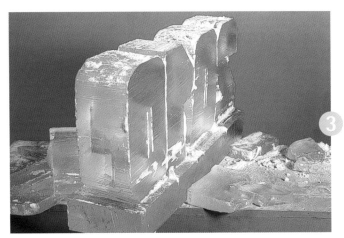

▼ Auf der Vorder- und Hinterseite der Jahreszahl jeweils eine ca. 5 cm breite Platte wegsägen oder mit dem Flachmeissel wegmeisseln. Diese Retusche lässt die Figur eleganter erscheinen. Zudem garantiert der breitere Sockel die Standfestigkeit.

● Cut away a 5 cm wide plate on both the front and the rear sides of the year's number, or carve it using a flat chisel. This retouching gives the figure a more elegant appearance. Furthermore, a wider pedestal increases the stability.

▼ A l'avant et à l'arrière des chiffres, scier ou enlever au ciseau une plaque de 5 cm d'épaisseur. Ceci renforce l'élégance de la sculpture. La plus grande largeur du socle assure en outre une meilleure stabilité.

■ Sul lato anteriore e posteriore dei numeri che compongono l'anno asportare con la sega uno strato di circa 5 cm oppure utilizzare lo scalpello piatto. Questo ritocco dona eleganza alla figura. Allo stesso tempo garantisce maggiore stabilità allo zoccolo divenuto ancora più largo.

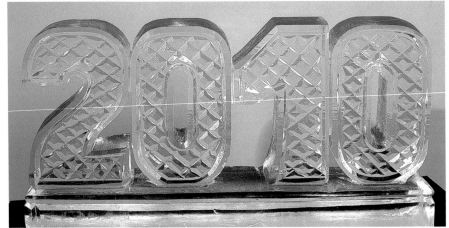

▼ Die Rundungen mit dem passenden Meissel ausbessern und die Zahlen nach Belieben dekorieren.

● Touch up the curved parts with a suitable chisel, then decorate the numbers as you wish.

▼ Embellir les arrondis à l'aide d'un ciseau adapté et ciseler les chiffres à son goût.

■ Ritoccare le forme arrotondate con lo scalpello adeguato e decorare i numeri a piacimento.

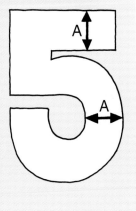

Mr Carving

▼ Zahlen lassen sich dem Anlass entsprechend auch gut kombinieren! Achten Sie jedoch bei den Zahlen, dass sie alle gleich dick sind, sonst sind sie beim ersten Schmelzen schnell nicht mehr lesbar!

● Numbers can also be combined together for special occasions. You should, however, always ensure that the numbers are of the same thickness, otherwise they will quickly become unreadable when they start to melt!

▼ Les chiffres se combinent très bien en fonction d'événements particuliers! Ils doivent néanmoins avoir la même épaisseur pour éviter qu'ils ne deviennent vite illisibles dès que la sculpture commence à fondre.

■ I numeri possono essere ben combinati per qualsiasi occasione! Fare però attenzione che tutti i numeri abbiano lo stesso spessore, altrimenti non saranno più leggibili quando il ghiaccio comincia a sciogliersi!

⬤ Der Wolkenkratzer ist ein ideales Sujet, um kleine Restblöcke zu verwerten.

● The skyscraper is an ideal subject for using up small leftover blocks.

▼ Le gratte-ciel est un sujet idéal pour l'utilisation des chutes de blocs.

◼ Il grattacielo è un soggetto ideale per sfruttare i residui più piccoli dei blocchi di ghiaccio.

⬤ Den Block nach dem Umriss des gewünschten Wolkenkratzers zusägen.

● Cut the block to the contour of the desired skyscraper.

▼ Scier le bloc selon le contour choisi pour le gratte-ciel.

◼ Segare il blocco in base alle dimensioni desiderate del grattacielo.

Wolkenkratzer
Skyscrapers
Gratte-ciel
Grattacielo

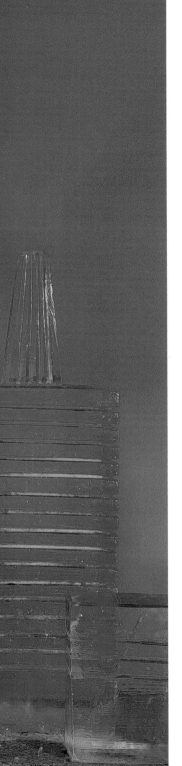

▼ Falls das Gebäude Rundungen aufweisen soll, diese mit dem grossen Flachmeissel ausführen.

● If the building should have rounded contours, create these using a large flat chisel.

▼ Si le bâtiment doit présenter des surfaces arrondies, les tailler au moyen du grand ciseau plat.

■ Se si intende dare una linea rotondeggiante all'edificio, utilizzare lo scalpello piatto grande.

▼ Die Fenster mit einem Metallwinkel anzeichnen. Sollen sie ununterbrochen um den ganzen Block herum verlaufen, immer wieder Markierungspunkte setzen, um gleichmässige Fensterreihen zu erhalten.

● Draw in the windows using a metal angle. If they should run around the building uninterrupted, set repeated markings in order to obtain even rows of windows.

▼ Tracer les emplacements des fenêtres à l'aide d'une équerre métallique. Si les fenêtres doivent courir de façon ininterrompue autour du bloc complet, placer des points de marquage pour obtenir des rangées régulières.

■ Tratteggiare le finestre con una squadra metallica. Se si vuole farle correre ininterrottamente per tutto il blocco, tracciare sempre dei punti di riferimento per poter poi realizzare delle file di finestre uniformi.

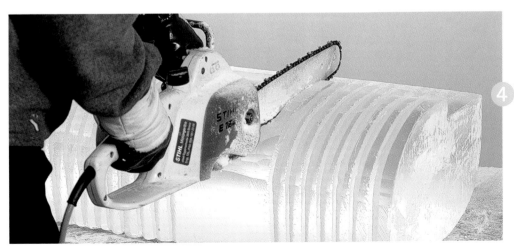

▼ Mit der Kettensäge die Fensterreihen ca. 2 cm tief einsägen.

● Cut the window rows to a depth of approximately 2 cm using a chain saw.

▼ Utiliser la tronçonneuse pour creuser les rangées de fenêtres à une profondeur de 2 cm environ.

■ Servendosi della sega a catena incidere le file di finestre con una profondità di circa 2 cm.

Sorbetbecher
Sorbet dishes
Coupes à sorbets
Coppa per sorbetto

Verblüffen Sie Ihre Gäste mit Eis-Geschirr. Viele Hotels und Restaurants verfügen über Knochensägen. Mit diesen lassen sich innerhalb eines vernünftigen Zeitrahmens Becher in eigenem Design entwickeln.

Amaze your guests with ice tableware. Many hotels and restaurants have bone-sawing machines. Using these, you can develop dishes to your own design within a reasonable time.

Epatez vos hôtes par votre vaisselle de glace. De nombreux hôtels et restaurants disposent d'une scie à os, qui permet en peu de temps de créer des coupes dans le design souhaité.

Stupite i vostri ospiti con delle stoviglie di ghiaccio. Molti hotel e ristoranti hanno delle seghe per ossa con cui è possibile in breve tempo realizzare delle coppe o dei calici dal design originale.

Den Eisblock sinnvoll einteilen, damit möglichst viele Stücke gesägt werden können. Das Objekt eignet sich auch bestens zum Verwerten von Eisresten.

Divide up the ice block in such a way that as many pieces as possible can be carved. This is well suited for using up leftover pieces of ice.

Diviser le bloc à disposition de manière à fabriquer autant de pièces que possible. Ces objets permettent d'utiliser au mieux les morceaux de glace récupérés.

Suddividere il blocco di ghiaccio in modo che possano essere ricavati svariati pezzi con la sega. Quest'oggetto è particolarmente adatto anche per il recupero dei resti di ghiaccio.

Mr Carving

Zum Sägen sollten Sicherheitshandschuhe getragen werden, die jedoch nicht aus Chromstahl sein dürfen.

You should wear safety gloves when sawing. These should not be made from chrome steel, however.

Porter des gants de sécurité pour utiliser la scie à ruban. Ces gants ne doivent toutefois pas comporter de parties en acier chromé.

Per segare il ghiaccio è necessario indossare dei guanti protettivi non contenenti acciaio al cromo.

Die auf eine Schablone gezeichnete Vorlage auf den ausgeschnittenen Block auflegen und dem Muster entlang nachsägen.

Draw the pattern on a template, lay the template upon one of the cut ice blocks and saw along the pattern.

Placer sur le bloc un chablon de l'objet à débiter et en scier le contour.

Porre la sagoma modello precedentemente realizzata sul blocco intagliato e segare lungo i profili del modello.

➥ Auf allen Seiten identische Rundungen formen.

● Create identical curves on all sides.

▼ Former des arrondis identiques de tous les côtés.

■ Formare su tutti i lati delle forme rotonde identiche.

➥ Mit dem Rundmeissel die Schalenhöhle runden. Durchmesser und Tiefe können mustergültig dem Dessert angepasst werden.

● Using a round chisel, hollow out the centre of the dish. The diameter and the depth can be matched to the planned dessert.

▼ Avec le ciseau arrondi, creuser l'intérieur de la coupe, qui doit être adapté en diamètre et en hauteur au dessert prévu.

■ Smussare con lo scalpello circolare le cavità interne dei calici. Il diametro e la profondità possono essere realizzati in base al tipo di dessert che vi sarà contenuto.

➥ Verzierungen nach Wunsch anbringen.

● Add decoration as desired.

▼ Tailler les décors désirés.

■ Eseguire dei motivi decorativi a piacere.

91

Buffet-Schale
Buffet dish
Coupe pour buffet
Insalatiera per buffet

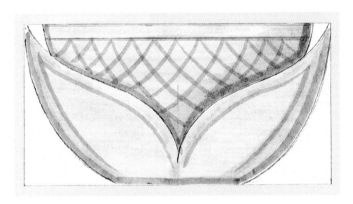

- Ein ideales Objekt, um Restblöcke zu verwerten.

- An ideal object for making use of leftover blocks.

▼ Un objet idéal pour la mise en valeur des restes de blocs.

■ Un oggetto ideale per utilizzare i blocchi residui.

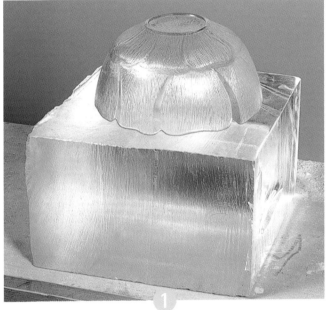

Ein Eisstück quadratisch zusägen und eine Schüssel suchen, die von den Massen her in die entstehende Buffetschale passt. Ebenfalls möglich ist es, anhand einer bestimmten Schüssel ein quadratisches Eisstück zuzusägen, das auf jeder Seite ca. 5 cm grösser ist.

Cut a piece of ice into a square, and find a bowl that, from its size, will fit into the dish that is to be created. It is also possible to cut a square piece of ice to match a specific bowl, allowing approximately an additional 5 cm on each side.

▼ Scier un morceau de glace en forme de cube, puis choisir un saladier rond qui, par ses dimensions, pourra s'inscrire à l'intérieur de ce cube. Il est évidemment possible aussi de choisir le saladier d'abord, puis de tailler dans un bloc de glace un cube dont l'arête soit supérieure de 10 cm au diamètre du saladier.

■ Segare un pezzo di ghiaccio dandogli una forma quadrata e cercare una scodella che per dimensioni possa entrare nell'insalatiera per buffet che s'intende realizzare. È anche possibile basarsi su una determinata scodella e segare un pezzo di ghiaccio di forma quadrata che sia su ogni lato 5 cm più grande della scodella.

Für den Sockel der Buffetschale mit einem Winkel einen gleichmässigen Rand in der Breite von ca. ¼ der Quadratseite einritzen.

To make the pedestal for the dish, use an angle to trace an even rim with a width of approximately ¼ of the side of the square.

▼ Afin de réaliser le socle de la coupe pour buffet, tracer à l'aide d'une équerre, tout autour du bloc, une marge égale au quart environ de sa largeur.

■ Per la base dell'insalatiera per buffet incidere con una squadra un bordo uniforme di larghezza di circa ¼ del lato del quadrato.

⬎ Den Rand schräg absägen oder mit dem Flachmeissel wegschnitzen.

● Cut off the rim at an angle using a flat chisel.

▼ Scier les bords en biais ou les tailler avec le ciseau plat.

■ Segare il bordo obliquamente o intagliarlo con lo scalpello piatto.

⬎ Mit dem Flachmeissel die Seiten einheitlich runden.

● Using a flat chisel, round off the sides uniformly.

▼ A l'aide du ciseau plat, arrondir régulièrement les faces latérales.

■ Con lo scalpello piatto dare una forma arrotondata e uniforme ai fianchi.

⬎ Das Objekt wenden. Durch die zwei Diagonalen die Mitte der Fläche bestimmen und mit dem Zirkel einen Kreis ziehen, der leicht grösser als die Schüssel sein muss.

● Turn the object over. Determine the centre of the surface using the two diagonals, then compass, draw a circle that is slightly larger than the bowl.

▼ Retourner l'objet. Déterminer le centre de la surface par l'intersection de ses deux diagonales, puis tracer au compas un cercle légèrement plus grand que le diamètre supérieur du saladier.

■ Rovesciare l'oggetto. Trovare il centro della superficie servendosi delle due diagonali e con il compasso tracciare un cerchio leggermente maggiore della scodella.

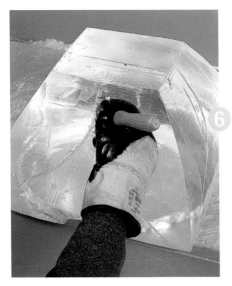

⬎ Schale wieder umkehren und Blätter aufskizzieren.

● Turn the dish over again, and sketch on the leaves.

▼ Retourner à nouveau la coupe et esquisser les feuilles.

■ Rovesciare nuovamente l'insalatiera e tracciare le foglie.

⬎ Den Blatträndern entlang mit der Kettensäge ca. 3 cm tief einsägen.

● Cut along the edges of the leaves to a depth of approximately 3 cm using a chain saw.

▼ Entailler les contours des feuilles à l'aide de la tronçonneuse sur 3 cm de profondeur environ.

■ Con la sega a catena segare lungo il bordo delle foglie penetrando per circa 3 cm.

⬎ Mit einem Flachmeissel die Blätter bis zur eingefrästen Rille freimeisseln. Dabei achten, dass die Rundung der Schale stimmt.

● Using a flat chisel, chip the leaves free up to the cut groove. In doing this, ensure that the curvature of the dish is correct.

▼ Avec un ciseau plat, libérer les feuilles jusqu'à la profondeur de l'entaille. Lors de cette opération, veiller à respecter la courbure de la coupe.

■ Scolpire le foglie con uno scalpello piatto fino alla scanalatura incisa. Fare attenzione alla bombatura dell'insalatiera.

◄ Die Schale mit dem Rundmeissel aushöhlen. Die Rundung von innen nach aussen erarbeiten. Daran denken: Wegnehmen kann man immer, hinzufügen aber nicht mehr!

● Hollow out the dish using a round chisel. Work the curvature from the inside to the outside. Always remember: you can take something away, but you can't add it back again!

▼ Creuser la coupe avec un ciseau arrondi. Travailler la courbe de l'intérieur vers l'extérieur. Ne pas oublier qu'il est facile d'enlever de la matière, mais impossible d'en rajouter!

■ Scavare l'insalatiera con lo scalpello circolare. Lavorare la bombatura dall'interno verso l'esterno. Ricordare che è sempre possibile togliere, ma non sarà più possibile aggiungere!

◄ Erneut mit dem Zirkel einen Kreis ziehen und dabei für den Rand ca. 3 cm reservieren.

● Draw another circle using a compass, thereby reserving approximately 3 cm for the rim.

▼ Tracer à nouveau un cercle au compas en réservant un bord de 3 cm d'épaisseur environ.

■ Tracciare un nuovo cerchio con il compasso, considerando circa 3 cm per il bordo.

◄ Schüsselform entwickeln. Sicherstellen, dass die Schüssel möglichst gleichmässig aufliegt und somit beim Schöpfen nicht rutscht.

● Develop the shape of the bowl. Ensure that it lies as evenly as possible, and thereby does not slip during serving.

▼ Creuser la coupe à la forme du saladier. S'assurer que le saladier repose aussi régulièrement que possible dans la coupe pour qu'il ne glisse pas au moment du service.

■ Sviluppare la forma dell'insalatiera. Assicurarsi che l'insalatiera si appoggi nel modo più uniforme possibile in modo da non scivolare durante la lavorazione.

◄ Blätter und Schale nach Wunsch mit dem V-Meissel verzieren.

● Decorate the leaves and the dish with a V-chisel as you wish.

▼ Décorer à votre gré la coupe et les feuilles à l'aide du ciseau en V.

■ Decorare a piacimento le foglie e l'insalatiera servendosi dello scalpello a V.

95

Platte
Platter
Plat
Vassoio

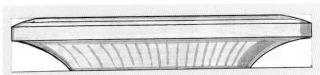

⌐ Platten können in jeder beliebigen Grösse hergestellt werden und eignen sich deshalb für die Verwertung von Reststücken, die immer wieder anfallen.

● Platters can be created in any size, and are therefore suitable for using up the inevitable leftovers.

▼ Les plats peuvent être réalisés dans n'importe quelles dimensions et conviennent par conséquent très bien à l'utilisation des grosses chutes, qui sont inévitables.

■ È possibile realizzare vassoi di qualsiasi dimensione utilizzando anche pezzi residui scartati durante la lavorazione.

①

⌐ Sockelgrösse einritzen. Bei unserem Stück wählten wir ¼ der Plattenfläche. An den Seiten eine weitere durchgehende Linie ziehen. Sie zeigt die Plattendicke an (ca. ⅓ der Blockdicke).

● Trace in the size of the pedestal. In our example, we have selected ¼ of the platter's surface. Do likewise around the edges to determine the desired thickness (approximately ⅓ of that of the block).

▼ Dessiner la forme du socle. Pour notre pièce, nous avons choisi un quart de la surface du plat. Tout autour du bord, tracer une ligne pour déterminer l'épaisseur du plat (environ un tiers de l'épaisseur du bloc).

■ Incidere la dimensione dello zoccolo. Per l'oggetto da noi realizzato lo zoccolo è ¼ della superficie del vassoio. Tracciare sui fianchi un'altra linea continua per indicare lo spessore del vassoio (circa ⅓ dello spessore del blocco).

➡ Mit dem Flachmeissel vom Sockel aus eine schräge Fläche bis zur gezogenen Seitenlinie ausmeisseln.

● Using a flat chisel, carve out the pedestal's oblique sides until you come to the tracing of the platter's desired thickness.

▼ Avec le ciseau plat, tailler la surface oblique du socle jusqu'à la ligne du bord qui détermine l'épaisseur du plat.

■ Servendosi dello scalpello piatto, incidere una superficie obliqua partendo dallo zoccolo e arrivando alla linea tracciata per il fianco.

➡ Die schräge Fläche runden, um der Schale eine elegante Form zu geben. Am einfachsten beginnt man am Plattenboden und zieht regelmässige Linien.

● Round off the angled surface to make it elegant. The easiest way is to start at the base of the platter and draw regular lines outwards to its edges.

▼ Arrondir cette surface oblique pour lui conférer une forme élégante. Le plus simple est de partir du fond du plat et de tracer des lignes régulières vers le bord.

■ Smussare la superficie obliqua per dare al vassoio una forma più elegante. È più facile cominciare dal fondo del vassoio, tracciando delle linee regolari.

➡ Die Platte wenden und auf der Fläche die gewünschte innere Plattengrösse markieren.

● Turn the platter over and mark the desired inner dimensions on its.

▼ Retourner le plat et marquer sur sa surface la dimension intérieure désirée.

■ Capovolgere il vassoio e tracciare sulla superficie la dimensione interna desiderata del vassoio.

➡ Die innere Plattenfläche leicht vertiefen. Dabei zuerst mit dem grossen Rundmeissel den Rändern entlang eine tiefe Rille ziehen und das Eis dann mit dem Flachmeissel wegmeisseln.

● Slightly hollow out the inner surface of the platter. To do this, first draw a deep groove along the rim using a large round chisel, then carve away the ice with a flat chisel.

▼ Creuser légèrement la surface intérieure du plat. Pour ce faire, tailler d'abord une rainure profonde le long des bords à l'aide du gros ciseau arrondi, puis enlever la glace en excès avec le ciseau plat.

■ Scavare leggermente la superficie interna del vassoio utilizzando prima lo scalpello circolare grande per tracciare lungo i bordi un solco profondo. Quindi togliere il ghiaccio con lo scalpello piatto.

➡ Die obere Randfläche mit dem Flachmeissel leicht schrägen.

● Slightly angle the surface of the upper edges with a flat chisel.

▼ Avec le grand ciseau plat, biseauter légèrement la surface supérieure des bords.

■ Smussare leggermente la superficie superiore del bordo servendosi dello scalpello piatto.

Mr Carving

➥ Welchen Effekt Verzierungen bewirken können, zeigen die Präsentationsbilder. Für die kalte Platte (Bild Seite 96) wurden die Rillen ausschliesslich auf der Unterseite geschnitzt. Die Rillen der «Blumenplatte» hingegen wurden auf die obere Randfläche weitergezogen und kreuzen sich mit den unteren Rillen. Ausserdem wurde ins Zentrum der «Blumenplatte» eine Rosette eingemeisselt.

● The presentation pictures show the effect that decoration can give. For the cold platter (Picture Page 96), the grooves are only cut on the lower side. Those of the "Flower platter" on the other hand, are continued onto the upper surface of the rim and cross with the lower grooves. In addition, a rosette has also been carved into the centre of the "Flower platter".

▼ Les illustrations de présentation montrent les effets de décoration que l'on peut obtenir. Pour le plat froid (illustration de la page 96), les rainures ont été taillées exclusivement dans la face inférieure. Les rainures du «plat à fleurs», en revanche, ont été prolongées sur les bords supérieurs et se croisent avec les rainures inférieures. En outre, une rosette a été ciselée au centre du «plat à fleurs».

■ Le immagini danno un'idea degli effetti che si ottengono con le varie decorazioni. Per il «vassoio freddo» (figura a pagina 96) le scanalature sono state intagliate soltanto sul lato inferiore. Le scanalature del «vassoio fiorito» continuano invece sulla superficie superiore del bordo ed s'incrociano con quelle inferiori. Inoltre al centro del «vassoio fiorito» è stata scolpita una rosa.

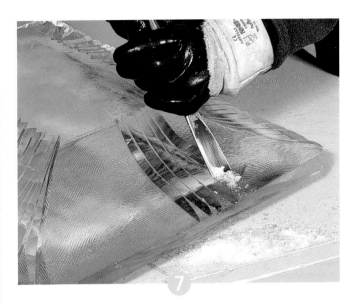

➥ Die Platte nach Wunsch ausschmücken.

● Decorate the platter as you wish.

▼ Décorer le plat selon vos goûts.

■ Decorare il vassoio a piacimento.

99

Eisständer
Ice display stand
Présentoir
Espositore di ghiaccio

- Aus ästhetischen Gründen einen Ständer mit ungerader Anzahl von Säulen vorzeichnen.

● For aesthetic reasons, always design a display stand with odd numbers of columns.

▼ Pour des raisons esthétiques, prévoir un présentoir comportant un nombre impair d'éléments.

■ Per motivi estetici consigliamo di tracciare un espositore con un numero dispari di colonne.

- Ein ideales Präsentationsstück, das in jeder Grösse aus Restblöcken gefertigt werden kann.

● An ideal presentation piece, which can be created to any size from leftover blocks.

▼ Un support de présentation idéal, qui peut être confectionné dans n'importe quelle dimension à l'aide de restes de blocs.

■ Un pezzo ideale per l'esposizione di oggetti che può essere ricavato in qualsiasi dimensione utilizzando i blocchi residui.

- Konturen mit der Kettensäge aussägen.

● Cut out the contours using the chain saw.

▼ Débiter les contours à l'aide de la tronçonneuse.

■ Segare i profili con la sega a catena.

⬛ Bei Zeitnot macht der Ständer auch so eine gute Figur auf dem Büffet!

● If you are pressed for time, the stand can also look good on a sideboard!

▼ En cas d'urgence, le présentoir fera bonne figure sur le buffet, même dans cet état!

■ In mancanza di tempo l'espositore farà bella figura sul buffet anche così!

⬛ Die einzelnen Pfeiler mit der Kettensäge freilegen. An kritischen Stellen den Flachmeissel zu Hilfe nehmen.

● Cut free the individual pillars with a chain saw. At the critical points, make use of a flat chisel.

▼ Avec la tronçonneuse, libérer les piliers les uns des autres. Dans les endroits critiques, s'aider du ciseau plat.

■ Ricavare i singoli pilastri con la sega a catena, aiutandosi nei punti critici con lo scalpello piatto.

⬛ Die Säulen aushöhlen. Mit der Kettensäge an den gewünschten Stellen durchsägen und die anfallenden Stücke mit dem Flachmeissel lösen. Anschliessend den Ständer drehen und von der Seite her die Säulen auf die gleiche Art aushöhlen.

● Hollow out the columns. Using a chain saw, cut through at the desired places and remove the resulting pieces with a flat chisel. Then turn the stand over and hollow out the pillars in the same way from the other side.

▼ Creuser les piliers. Scier aux endroits désirés avec la tronçonneuse, puis détacher les morceaux à l'aide du ciseau plat. Retourner ensuite le présentoir et creuser les piliers de la même manière depuis l'autre côté.

■ Scavare le colonne utilizzando nei punti desiderati la sega a catena staccando i rimanenti pezzi con lo scalpello piatto. Quindi ruotare l'espositore e scavare le colonne partendo dal fianco e procedendo come prima.

6

Unebenheiten ausbessern, und wenn gewünscht, Verzierungen schnitzen.

Correct any unevenness, and, if desired, carve some decoration.

Corriger les inégalités et tracer les décors désirés.

Levigare le superfici e se si desidera, incidere delle decorazioni.

Mr Carving

Bei normaler Zimmertemperatur Unterlagen verwenden, damit das auszustellende Objekt nicht weggeschwemmt wird. Ideal und zugleich dekorativ sind Blätter.

At normal room temperatures, place an underlayer, so that the objects being displayed do not slide. Leaves are ideal, and are decorative at the same time.

A la température normale de la pièce, poser les objets à exposer sur des éléments de support pour qu'ils ne puissent pas glisser. Pour cela, les feuilles sont idéales et particulièrement décoratives.

A temperatura ambiente normale, porre gli oggetti da esporre su basi, per evitare che scivolino. È possibile utilizzare alcune foglie perfettamente adatte allo scopo, oltre ad essere decorative.

Steinbock
Ibex
Bouquetin
Stambecco

- Das Motiv auf den Eisblock aufskizzieren. Den Steinbock in leicht aufwärts gehender Körperhaltung zeichnen, damit der Eisblock besser ausgenützt wird.

- Sketch out the motive on the ice block. Draw the ibex with a body position pointing slightly upwards in order to make the best use of the ice.

- Tracer l'esquisse sur la glace. Dessiner le bouquetin avec le corps légèrement redressé pour mieux exploiter le bloc de glace.

- Tratteggiare il motivo sul blocco di ghiaccio. Disegnare lo stambecco con una posizione del corpo leggermente slanciata verso l'alto, per sfruttare al meglio l'intero blocco di ghiaccio.

- Das Bündner Wappentier ist ein beliebtes Sujet. Die Hörner geben dem Schaustück eine besondere Wirkung.

- The heraldic animal of Graubunden (Grisons) is a popular subject. The horns give this exhibition piece a special appeal.

- L'emblème du canton des Grisons est un sujet apprécié. Les cornes donnent à la sculpture un effet remarquable.

- L'animale araldico dei Grigioni è un soggetto molto amato. Le corna conferiscono al motivo un effetto particolare.

- Mit der Kettensäge den eingeritzten Konturen entlangsägen. Nachher sollte die Silhouette des Steinbocks in groben Zügen erkennbar sein.

- Cut along the traced contours with the chainsaw. Following this, the rough silhouette of the ibex should be recognisable.

- Scier la glace à la tronçonneuse en suivant les contours. La silhouette du bouquetin doit être grossièrement reconnaissable.

- Segare con la sega a catena attorno ai contorni precedentemente tracciati. A questo punto dovrebbe essere riconoscibile la silhouette ancora grossolana dello stambecco.

Steinbock • Ibex • Bouquetin • Stambecco

Mr Carving

🔻 Die Hörner auf keinen Fall schon zu diesem Zeitpunkt freilegen, damit die Stabilität grösser ist und um sicherzustellen, dass genügend Eis für Kopf und Hörner vorhanden ist.

● On no account should you expose the horns at this stage. This will increase the stability and will also ensure that sufficient ice is available for the head and the horns.

🔻 Surtout ne pas déjà dégager les cornes à ce moment pour ne pas compromettre la stabilité et s'assurer qu'il reste suffisamment de glace pour la tête et les cornes.

■ Non scolpire assolutamente le corna in questo momento, per mantenere la maggiore stabilità possibile e per essere sicuri che vi sia ghiaccio a sufficienza per la testa e per le corna.

🔻 Vorne beginnend dem Steinbock eine grobe Form geben.
Mit der Säge zwischen den Beinen jeweils einen Schnitt anbringen, um sie nachher einfacher schnitzen zu können.

● Starting from the front, give the ibex a rough shape.
Using the saw, make a cut between each leg in order to make them easier to carve later.

🔻 Tailler grossièrement la forme du bouquetin en commençant par le devant.
Faire respectivement une entaille entre les pattes pour en faciliter la sculpture ultérieure.

■ Cominciare dal lato anteriore a dare una forma grossolana allo stambecco.
Utilizzando la sega, effettuare un intaglio tra le gambe sia anteriori che posteriori, cosi sarà più facile scolpirle successivamente.

🔻 Den Körper des Tieres schnitzen. Immer wieder aus der Distanz die Silhouette kontrollieren.

● Cut out the head of the animal, while continually checking the silhouette from a distance.

🔻 Sculpter le corps du bouquetin. Reculer régulièrement de quelques pas pour vérifier l'effet obtenu.

■ Scolpire il corpo dell'animale. Allontanarsi di tanto in tanto per controllarne il profilo.

🔻 Mit der Säge vorsichtig die Hörner freilegen. Sie sollten nicht zu dünn geschnitzt werden, weil durch die im Anschluss angebrachten Verzierungen nochmals etwas Volumen verloren geht.

● Using the saw, carefully expose the horns. They should not be carved to be too thin, as some additional volume will be lost when applying the final decoration.

🔻 Dégager précautionneusement les cornes à la tronçonneuse. Ne pas les tailler trop fines, car le cisèlement leur fera encore perdre du volume.

■ Ricavare le corna usando la sega e operando con attenzione. Le corna non devono essere troppo sottili, perché con le decorazioni che verranno realizzate successivamente perderanno ancora di volume.

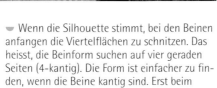

Wenn Kopfbreite und Kopfform stimmen, die Hörner auf der Aussenseite runden. Mit dem Rundmeissel Rillen schnitzen. Der Abstand zwischen den Rillen beträgt eine Meisselbreite.

When the width and shape of the head are correct, round off the outer side of horns. Cut grooves using the round chisel. The spacing between the grooves should be a chisel width.

Lorsque la tête a la largeur et la forme voulues, arrondir le côté extérieur des cornes. Tailler des rainures avec le ciseau arrondi. Laisser entre les rainures un écart de la largeur du ciseau.

Quando le dimensioni e la forma della testa saranno giuste, arrotondare le corna sul lato esterno. Eseguire delle scanalature con lo scalpello piatto. La distanza tra le scanalature deve corrispondere alla larghezza dello scalpello.

Wenn die Silhouette stimmt, bei den Beinen anfangen die Viertelflächen zu schnitzen. Das heisst, die Beinform suchen auf vier geraden Seiten (4-kantig). Die Form ist einfacher zu finden, wenn die Beine kantig sind. Erst beim nächsten Schritt werden sie gerundet.

When the silhouette is satisfactory, start carving the quarter surfaces on the legs. When doing this, try to shape the legs with four straight sides (rectangular). The shape is easier to find when the legs are square. They will then be rounded off in the next step.

Une fois la silhouette achevée, commencer à sculpter chacune des pattes quart par quart, c'est-à-dire sur quatre faces distinctes. Il est en effet plus facile de trouver la bonne forme si les pattes ont des arêtes vives. Elles ne seront arrondies qu'après.

Quando la forma dell'animale sarà soddisfacente, passare ad intagliare i quarti di superficie delle gambe. Ossia abbozzare la forma delle gambe su quattro lati piani (4 spigoli). Con questa forma squadrata sarà poi più facile realizzare le gambe che verranno arrotondate nella fase successiva.

Mit dem passenden Meissel die Hufe ausarbeiten.

Develop the hooves using an appropriate chisel.

Sculpter les sabots à l'aide d'un ciseau adapté.

Ricavare gli zoccoli utilizzando uno scalpello adeguato.

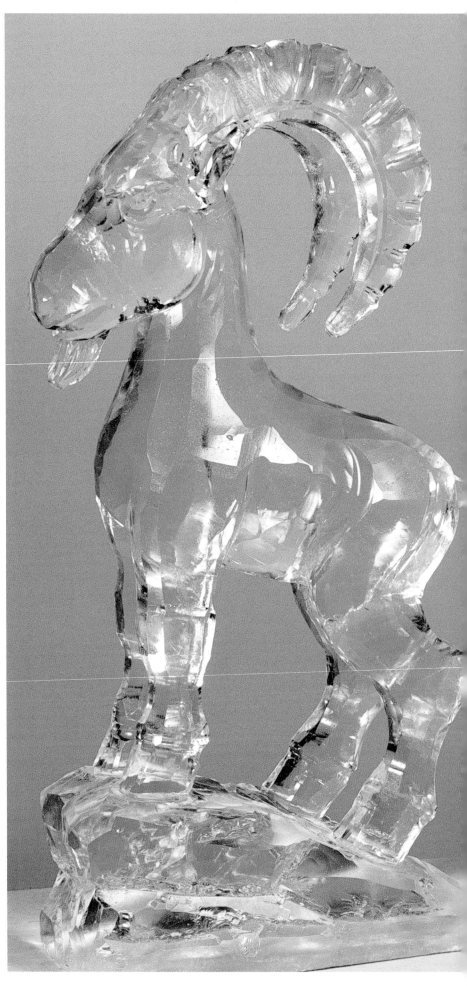

Mr Carving

☞ Die Beine etwas dicker schnitzen, als sie in Wirklichkeit sind. Zu dünne Gliedmassen können während des Schmelzens zu einem raschen Einbrechen der Figur führen.

● Cut the legs somewhat thicker than they are in reality. Limbs that are too thin can lead to the rapid break-up of the figure during melting.

▼ Tailler les pattes un peu plus grosses qu'en réalité. Si les pattes sont trop fines, la sculpture s'écroulera rapidement dès qu'elles commenceront à fondre.

■ Intagliare le gambe di uno spessore maggiore di quello reale. In seguito allo scioglimento, gli arti troppo sottili possono causare la rapida rottura della figura.

Motorrad
Motorbike
Moto
Motocicletta

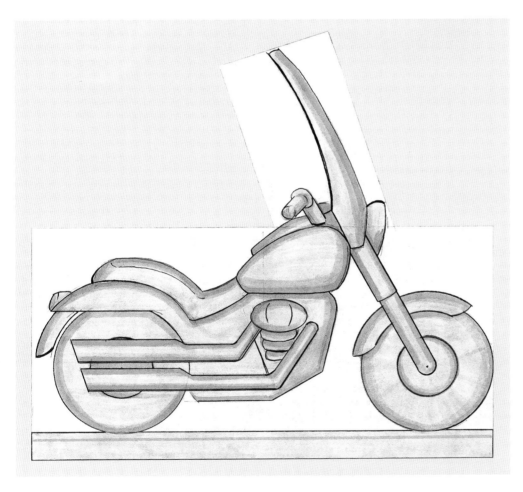

▬ Ein Sujet aus 1½ Blöcken mit höherem Schwierigkeitsgrad.

● This is a very difficult subject. It requires 1½ blocks.

▼ Ce sujet exige un bloc et demi de glace et présente un niveau de difficulté élevé.

■ Un soggetto di difficoltà superiore ricavato da 1 blocco e mezzo.

▬ Das Motorrad (ohne Lenker und Scheibe) auf den Eisblock aufskizzieren.

● Trace the motorbike (without handlebars and windscreen) onto the ice block.

▼ Tracer l'esquisse de la moto (sans guidon ni pare-brise) sur le bloc de glace.

■ Disegnare la motocicletta (senza manubrio e parabrezza) su un blocco di ghiaccio.

Motorrad • Motorbike • Moto • Motocicletta

➥ Den Umriss aussägen.

● Saw out the contours.

▼ Dégager les contours en sciant la glace.

■ Segare il contorno.

➥ Die Unterseite des halben Blockes schräg sägen.

● Saw the underside of the half block at an angle.

▼ Couper en biais la partie inférieure du demi-bloc.

■ Segare obliquamente il lato inferiore del mezzo blocco.

➥ Den halben Block mit der schiefen Seite nach unten auf die Gabel setzen und verleimen (Technik siehe Seite 21).

● Set the half block on the forked surfaces with the angled side downwards, and glue (for technique, see Page 21).

▼ Placer le demi-bloc, face oblique au-dessous, sur la fourche et le coller (voir technique à la page 21).

■ Porre il mezzo blocco sulle forcelle con il lato obliquo verso il basso e incollare (tecnica descritta a pagina 21).

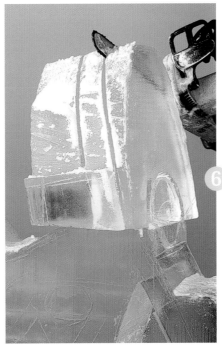

◥ Die Dicke der Scheibe bestimmen. Beim anschliessenden Aussägen die Konturen der Leuchte und des Lenkers berücksichtigen.

● Determine the thickness of the windscreen. When cutting it out, take the contours of the headlamp and the handlebars into consideration.

▼ Définir l'épaisseur du pare-brise. Lors de la découpe, tenir compte des contours du phare et du guidon.

■ Determinare lo spessore del parabrezza. Durante gli ultimi ritocchi con la sega, tenere presenti i contorni del faro e del manubrio.

◥ Lenker, Scheibe und Leuchte aufzeichnen und die Umrisse aussägen.

● Draw the handlebars, windscreen and headlamp, and saw out their contours.

▼ Ebaucher le guidon, le pare-brise et le phare, puis découper en suivant les contours.

■ Tracciare il manubrio, il parabrezza e il faro e segarne i contorni.

◥ Zwischen Lenker und Scheibe einen Einschnitt anbringen.

● Make an incision between the headlamp and the handlebars.

▼ Faire une entaille entre le guidon et le pare-brise.

■ Eseguire un intaglio tra il manubrio e il parabrezza.

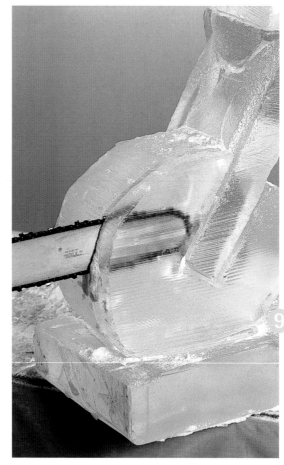

➡ Die Breite der Gabel und des Rades bestimmen und die beiden Teile freisägen.

➡ Determine the width of the forking and the wheel, and then cut the two parts free.

▼ Définir la largeur de la fourche et de la roue et en dégager les contours.

■ Determinare la larghezza delle forcelle e della ruota e ricavare le due parti usando la sega.

➡ Beim Ausschneiden des Rades darauf achten, dass die freizulegende Gabel nicht weggesägt wird.

● When cutting out the wheel, ensure that the part of the forking is to be exposed, is not cut away.

▼ En découpant la roue, veiller à ne pas scier la fourche!

■ Intagliando la ruota, fare attenzione a non segare via la forcella che deve essere ricavata.

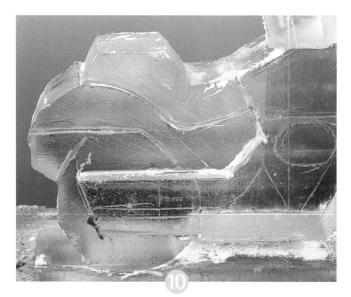

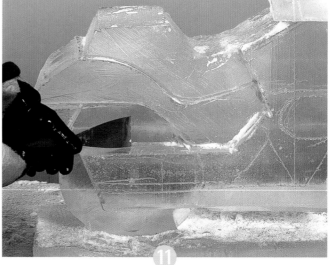

➡ Die Breite des Motorrads inklusive Auspuff entspricht derjenigen des Eisblocks. Die Proportion des Auspuffs zur Motorradbreite bestimmen und den Auspuff freisägen.

● The width of the motorbike with exhaust pipe corresponds to that of the ice block. Determine the proportion of the exhaust pipe to the width of the motorbike and then cut it out accordingly.

▼ La largeur de la moto, pot d'échappement compris, correspond à celle du bloc de glace. Définir la proportion du pot d'échappement par rapport à la largeur de la moto et scier la glace en conséquence.

■ La larghezza della motocicletta, compresa la marmitta, corrisponde a quella del blocco di ghiaccio. Determinare la proporzione della marmitta rispetto alla larghezza della motocicletta e ricavare la marmitta utilizzando la sega.

➡ Die Hinterradbreite bestimmen. Mit dem grossen Flachmeissel wegmeisseln, bis die Radbreite korrekt ist.

● Determine the width of the rear wheel. Carve away any excess ice using a large flat chisel until the width of the wheel is correct.

▼ Définir la largeur de la roue arrière. Enlever l'excès de glace à l'aide du grand ciseau plat jusqu'à ce que la roue ait la largeur désirée.

■ Determinare la larghezza della ruota posteriore. Scolpirla con lo scalpello piatto grande fino ad ottenere una ruota della corretta larghezza.

➥ Wenn die Grobform stimmt, mit dem
Flach- und Rundmeissel das Motorrad runden.
Am einfachsten beginnt man am Heck und
arbeitet sich dann nach vorne.

● When the rough shape is satisfactory, round
off the motorbike with both flat and round
chisels. It is easiest to begin at the rear and work
forwards.

▼ Lorsque la moto a la forme grossière voulue,
arrondir l'ensemble à l'aide du ciseau plat et du
ciseau arrondi. Le plus simple revient à progresser de l'arrière à l'avant.

■ Una volta ottenuta una forma abbozzata
della motocicletta, arrotondarla servendosi dello
scalpello piatto e di quello circolare. È consigliabile cominciare dalla parte posteriore spostan-
dosi progressivamente verso la parte anteriore.

➥ Um eine möglichst echte Wirkung zu
erzielen, den Auspuff durch einen Schnitt
vom Rad loslösen.

● In order to create a realistic appearance,
separate the exhaust pipe from the wheel by
one single cut.

▼ Pour obtenir un effet aussi réel que possible,
séparer le pot d'échappement de la roue en
pratiquant une entaille à la tronçonneuse.

■ Per ottenere un effetto il più reale possibile,
staccare la marmitta dalla ruota eseguendo un
intaglio.

➥ Mit dem Rundmeissel oder
der kleinen Handsäge die Räder
runden.

● Using a round chisel or small
handsaw, round off the wheels.

▼ Parfaire les roues à l'aide du
ciseau arrondi ou de la petite scie
à main.

■ Arrotondare le ruote lavorando
con lo scalpello circolare o con la
piccola sega manuale.

🔻 Die Form des Lenkers aussägen.

● Saw out the shape of the handlebars.

🔻 Découper la forme du guidon.

▪ Con la sega scolpire la forma del manubrio.

🔻 Zwischen der Gabel einen Durchbruch schaffen, was die Realitätsnähe weiter betonen soll.

● Create an opening between the forked bars to increase further an illusion of reality.

🔻 Pour renforcer l'effet réaliste, évider l'espace entre les deux barres de la fourche.

▪ Scavare lo spazio all'interno della forcella per conferire alla moto un'immagine ancora più realistica.

🔻 Damit auch der Lenker wirklich-keitsgetreuer aussieht, einen Abstand zwischen Lenkstange und Scheibe sägen oder schnitzen.

● In order to make the handlebars appear as realistic as possible, saw or cut a separation between them and the windscreen.

🔻 Pour donner au guidon une apparence plus réelle, scier ou tailler la glace de manière à creuser un espace entre la barre du guidon et le pare-brise.

▪ Perché anche il manubrio sembri il più reale possibile, staccare il piantone del manubrio dal parabrezza eseguendo un intaglio, anche con la sega.

🔻 Die Armaturen und den Lenker nach Belieben gestalten.

● Shape the fittings and the handlebars as you wish.

🔻 Sculpter le tableau de bord et le guidon à son goût.

▪ Eseguire a piacere il cruscotto e il manubrio.

Adler
Eagle
Aigle
Aquila

Das Meisterstück für jeden Artisten. Mit dem korrekten und exakten Zusammensetzen und Verleimen der Flügel können Kunstschaffende die Beherrschung ihres Handwerks unter Beweis stellen. Aus zwei Blöcken kann ein Schaustück mit einer Spannweite von bis zu zwei Metern entstehen. Zudem erzeugen die verzierten Flügel einen überwältigenden Effekt. Deshalb ist der Adler bei Wettbewerben ein immer wieder gern verwendetes Sujet.

This is the real masterpiece for every artist. With correct assembly and gluing of the wings, you can prove that you have mastered this craft. A showpiece with a width of up to two metres can be created from two blocks. The finely decorated wings create a powerful effect. For this reason is very popular as a competition subject.

Le chef-d'œuvre de tout artiste qui, par l'assemblage juste et précis des ailes, peut apporter la preuve de son savoir-faire! Avec deux blocs, il est possible de réaliser une pièce d'exposition dont l'envergure peut atteindre jusqu'à deux mètres. En outre, le cisèlement des ailes est à même de créer un effet spectaculaire. C'est pourquoi l'aigle est un sujet fréquemment choisi pour les concours.

Un capolavoro per ogni artista. Unendo e incollando alla perfezione le ali, l'artista dimostra di dominare la tecnica di questo tipo di arte scultorea. Con due blocchi è possibile realizzare un'opera con un'apertura alare fino a due metri. Inoltre le ali lavorate generano un effetto sensazionale, tanto che l'aquila è un soggetto costantemente proposto nelle competizioni.

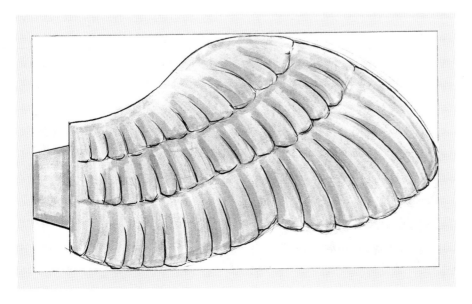

Adler • Eagle • Aigle • Aquila

➥ Den Eisblock in zwei Teile zersägen, der eine 40 cm, der andere 60 cm lang. Den grösseren Teil auf das kleinere Stück verleimen, wobei dieses auf einer seiner beiden grösseren Flächen liegt. Den grösseren Block einmitten und rechts bündig aufleimen.

● Saw the ice block into two parts, one of them 40 cm long, and the other 60 cm. Place the smaller block down upon one of its larger surfaces, then glue the bigger one onto its centre taking care to align both blocks' edges to be flush on the right.

▼ Couper le bloc de glace en deux parties ayant respectivement une longueur de 40 cm, et 60 cm. Poser le petit bloc sur l'un de ses plus grands côtés, puis coller au milieu le plus gros bloc en veillant à aligner les extrémités des deux blocs à droite.

■ Segare il blocco in due parti, una di lunghezza di 40 cm e l'altra 60 cm. Incollare la parte più grande su quella più piccola, posta in precedenza su uno dei suoi due lati maggiori. Centrare il blocco più grande e incollarlo a filo sulla parte destra.

➥ Adlerkörper aufskizzieren und mit der Kettensäge die Silhouette freisägen.

● Sketch out the body of the eagle and cut the silhouette free with a chain.

▼ Tracer l'esquisse de l'aigle, puis en découper la silhouette à la tronçonneuse.

■ Disegnare il corpo dell'aquila e segarne il profilo con la sega a catena.

➥ An der Hinterseite des Objekts, wo die Flügel eingesetzt werden, die Schräge bestimmen. Mit dieser Neigung wird der Flügelwinkel bestimmt.

● Define the surface slope on the rear side of the object, where the wings will be fitted. This inclination will determine the angle of the wings.

▼ Au dos de la sculpture, définir l'inclinaison à l'endroit où seront placées les ailes. L'inclinaison détermine l'angle des ailes.

■ Determinare l'inclinazione del lato posteriore del soggetto, dove dovranno essere inserite le ali. Tale inclinazione determinerà anche l'angolazione delle ali.

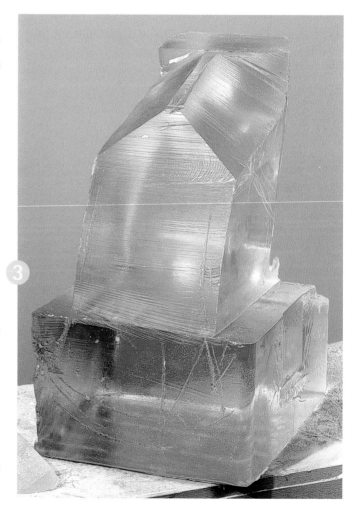

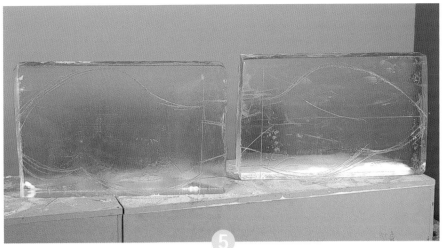

⌐ Den zweiten Block in zwei gleich dicke Platten schneiden.

● Cut the second block into two plates of the equal thickness.

▼ Coupez le deuxième bloc en deux plaques d'épaisseur égale.

■ Tagliare il secondo blocco in due grandi lastre di pari spessore.

⌐ Auf beide Platten je einen Flügel aufzeichnen. Für die Zapfen ca. 30 cm einberechnen.

● Sketch out a wing on each of the plates. Allow approximately 30 cm for the wing joint tenons.

▼ Dessinez une aile sur chacune des deux plaques. Calculez approximativement 30 cm pour les tenons.

■ Disegnare un'ala su ogni piastra, calcolando circa 30 cm per il perno d'innesto delle ali.

Mr Carving

⌐ In der Folge ist es wichtig, die Flügel spiegelverkehrt zu schnitzen, um nicht zwei rechte oder zwei linke Flügel zu erhalten.

● Logically, it is important to cut the wings as mirror images of each other, in order to avoid having two right or two left wings!

▼ Il est important de découper les ailes à l'inverse l'une de l'autre pour ne pas obtenir deux ailes gauches ou deux ailes droites.

■ Nella sequenza è importante intagliare le ali a specchio per evitare di ottenere così due ali destre o sinistre.

⌐ Die Schwingen mit je einem Zapfen am Flügelansatz aussägen.

● Cut out the wing shapes, allowing for a tenon on each where they join onto the eagle's body.

▼ Découper les ailes en prévoyant sur chacune d'elles un tenon du côté qui sera fixé au corps.

■ Segare le ali ricavando per ciascuna un perno che servirà per l'attaccatura.

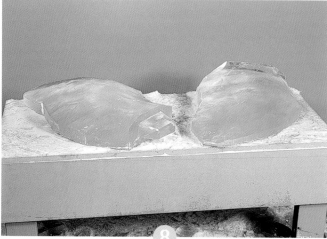

➥ Die Zapfen müssen sehr sauber ausgearbeitet und leicht konisch sein, da jegliche Ecken und Schneeresten nachher sichtbar sind.

● The tenons must be worked very cleanly and be slightly tapered, as every corner and any snow remnants will be visible later.

▼ Les tenons doivent être exécutés avec grand soin et avoir une forme légèrement conique, car tous les angles ou restes de neige demeureront visibles.

■ La lavorazione delle ali, di forma leggermente conica, deve essere molto precisa e pulita per evitare che successivamente siano visibili resti di neve o spigoli.

➥ Mit dem Flachmeissel die Flügelform entwickeln. Dabei von der Mitte nach aussen hin wegmeisseln.

● Develop the shape of the wing using a flat chisel. In doing so work away from the centre outwards.

▼ Sculpter la forme des ailes au ciseau plat en partant du milieu de l'aile.

■ Sviluppare la forma delle ali servendosi dello scalpello piatto e lavorando dal centro verso l'esterno.

➥ Die Flügel wenden und die innere Flügelform gestalten. Mit dem grössten Rundmeissel immer von der dicksten Stelle am Flügelansatz zur dünnsten am Flügelende wegschnitzen.

● Turn the wings over and create their inner shape. Using a large round chisel, always cut away from the thickest part of the wing at its joint towards the thinnest part at its extremity.

▼ Retourner les ailes pour en sculpter l'intérieur. Pour cette opération, employer le plus grand ciseau arrondi et toujours commencer à l'extrémité la plus large pour progresser vers la pointe de l'aile.

■ Girare le ali per eseguirne la forma interna. Con lo scalpello circolare più grande intagliare sempre muovendo dalla parte più spessa, l'attaccatura delle ali, verso la parte più sottile, l'estremità dell'ala.

➥ Zapfenansatz ausmessen und auf dem Vogelkörper markieren.

● Measure the base of the tenon, and mark the dimension on the body of the eagle.

▼ Mesurer le tenon et apposer une marque correspondante sur le corps de l'oiseau.

■ Misurare il perno d'innesto delle ali e segnarlo sul corpo del volatile.

Mr Carving

Die Flügel könnten auch erst am Schluss angepasst werden. Wenn jedoch ein schon perfekt geschnitzter Flügel abbricht, war die ganze Schnitzarbeit umsonst. Ein grob gemeisselter Flügel hingegen ist schnell wieder vorbereitet.

The wings can also be given the finishing touches in the final stages. However, should a wing that has been cut perfectly break off, all the fine carving will have been vain. A roughly carved wing, on the other hand, can be quickly recreated.

Le travail d'adaptation des ailes pourrait également se faire tout à la fin. Mais si une aile parfaitement ciselée se casse, tout le travail est perdu. Par contre, il ne faut pas beaucoup de temps pour refaire au ciseau la forme grossière d'une nouvelle aile.

Le ali possono essere adeguate al corpo anche nella fase finale. Tuttavia, se si rompe un'ala già perfettamente intagliata, andrà perso inutilmente il tempo impiegato. Al contrario, un'ala intagliata solo grossolanamente è più veloce da riprodurre.

Die Vertiefungen für die Zapfen ausmeisseln. Lieber jeweils nur wenig wegmeisseln und durch wiederholtes Probieren den Zapfen möglichst genau an die entsprechende Lücke anpassen. Wegnehmen ist immer möglich, hinzufügen nicht mehr! Wenn der Zapfen perfekt sitzt, Flügel beiseite legen und zuerst Körper fertig schnitzen. Siehe auch Seite 24.

Creuser au ciseau les cavités destinées aux tenons. Il est conseillé de ne tailler que petit à petit et de procéder à des essais successifs pour que le trou et le tenon soient ajustés au mieux. Il est toujours possible d'enlever de la glace, mais pas d'en rajouter! Lorsque le tenon s'encastre parfaitement, mettre l'aile de côté et achever le cisèlement du corps. Voir aussi page 24.

Chisel out the hole for the dowel. It is always better to chisel out too little, and adapt the hole as accurately as possible by repeatedly checking against the tenon. It is possible to take more ice away, but impossible to put it back! When the tenons fit perfectly, lay the wings aside and first finish cutting the head. See Page 24 too.

Scolpire le cavità che dovranno ricevere i perni delle ali. È consigliabile asportare all'inizio poco ghiaccio e, provando ripetutamente, adattare gradualmente il perno alla cavità corrispondente con la massima precisione possibile. Togliere del ghiaccio sarà sempre possibile, aggiungerne no! Quando il perno entrerà alla perfezione nella cavità, porre le ali da una parte e passare a scolpire il corpo dell'aquila. Vedere anche pagina 24.

Mit dem Flachmeissel den Vogelkörper formen. Die beiden Stellen am Oberrücken, wo die Flügel eingesetzt werden, unangetastet lassen.

Sculpter la forme du corps à l'aide du ciseau plat. Ne pas toucher aux deux endroits du dos où seront introduites les ailes.

Shape the body of the bird using a flat chisel. Do nothing to the back area where the wings will be put into place!

Formare il corpo del volatile servendosi dello scalpello piatto. Lasciare inalterati entrambi i punti sul dorso dove dovranno essere inserite le ali.

➥ Die Krallen detailliert
ausarbeiten.

● Work the claws in detail.

▼ Parfaire les détails des griffes.

■ Scolpire gli artigli in modo particolarmente dettagliato.

➥ Kontinuierlich die Einzelheiten
der Körperform schnitzen und die
Krallen gestalten.

● Continue carving the details
of the body shape and shape the
claws.

▼ Sculpter progressivement les
détails du corps de l'oiseau et dessiner les griffes.

■ Intagliare continuamente i dettagli della forma del corpo e dare
forma agli artigli.

➥ Mit dem V-Meissel am Vogelkörper Federn ausmeisseln.

● Using a V-chisel, cut out the
feathers on the head.

▼ Ciseler les plumes sur le corps
de l'oiseau à l'aide du ciseau en V.

■ Ricavare le penne sul corpo
dell'aquila, servendosi dello scalpello a V.

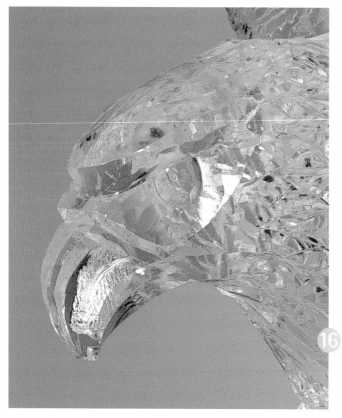

➥ Gesicht und Schnabel ausarbeiten.

● Work on the face and beak.

▼ Sculpter la tête et le bec.

■ Lavorare il muso e il becco.

Auf der Innenseite der beiden Flügel mit dem V-Meissel durch Schnitzen zweier Längsrillen die Reihen der Schwingfedern bestimmen. Mit dem Flachmeissel die Optik der Federnreihen verbessern, indem man leichte Stufen entwickelt.

Using a V-chisel, determine the line of the flight feathers on the inside of the two wings by cutting two longitudinal grooves. Improve the optical effect of the feather rows by developing them in slight steps with a flat chisel.

Sur la face interne des ailes, tracer deux rainures longitudinales à l'aide du ciseau en V pour marquer les rangées de rémiges. Améliorer l'aspect des rangées de plumes en taillant de légers degrés à l'aide du ciseau plat.

Sul lato interno di entrambe le ali incidere con lo scalpello a V due scanalature longitudinali che servono per determinare le file delle penne delle ali. Migliorare l'aspetto delle file di penne utilizzando lo scalpello piatto, sviluppando leggeri gradini.

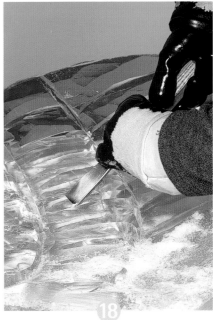

Mit dem V-Meissel die Federn einschnitzen.

Cut in the feathers using a V-shaped chisel.

Sculpter les plumes à l'aide du ciseau en V.

Scolpire le piume utilizzando lo scalpello a V.

Um einen noch wirklichkeitsgetreueren Effekt zu erzielen, die Federnrippen einmeisseln, indem feine Rillen gezogen werden.

To achieve an even more realistic effect, chisel in the ribs of the feathers by drawing fine grooves.

Pour obtenir un effet encore plus réel, rendre les barbes des plumes en dessinant de fines rainures.

Per ottenere un effetto ancora più reale, intagliare le coste delle penne tracciando dei solchi.

🖙 Flügel wenden und Federn bzw. Federn-rippen ebenfalls ausarbeiten.

● Turn the wing over, and work the feathers and their ribs on the upper side.

▼ Retourner les ailes et dessiner également les plumes et les barbes des plumes

■ Girare le ali e lavorare anche su questo lato le penne e le coste.

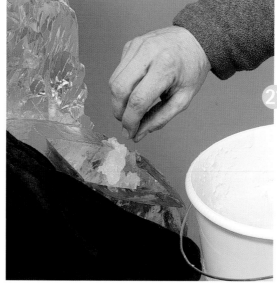

🖙 Den Vogelkörper mit einem Tuch abdecken, damit beim Verleimen der Flügel keine Verunreinigungen entstehen. Etwas Schneematsch zubereiten und wenig in die entsprechende Vertiefung einfüllen.

● Cover the body of the bird with a cloth to prevent any soiling whilst gluing on the wings. Prepare some partly melted snow (slush) and fill in the corresponding holes for the wing joints.

▼ Recouvrir le corps de l'oiseau d'un tissu pour éviter de le souiller en collant les ailes. Préparer de la neige fondante et en mettre un peu dans la cavité correspondante.

■ Coprire il corpo dell'aquila con un panno in modo che non riman-gano impurità quando saranno incollate le ali. Preparare della pol-tiglia di neve da inserire nelle cavità che dovranno ricevere le ali.

🖙 Den Flügel sofort einsetzen und rundherum mit Schneematsch auffüllen. Es muss sehr schnell gearbeitet werden, da sonst der Schneematsch gefriert und der Flügel nicht mehr passt.

● Fit the wings immediately, and fill in around them with slush. You will need to work very quickly as the slush will freeze and then the wing would no longer fit.

▼ Placer l'aile immédiatement et remplir tout autour de neige fon-dante. Il est important de travailler très vite, car sinon la neige gèle et l'aile ne peut plus être fixée.

■ Inserire immediatamente le ali e riempire gli spazi circostanti con poltiglia di neve. In questa fase si dovrà lavorare molto velocemente per impedire che la poltiglia di neve si congeli impedendo l'inseri-mento corretto dell'ala.

🖙 Warten bis der Schneematsch gefroren ist. Bei sehr warmen Temperaturen kann mit einem Kältespray nachgeholfen werden. Danach die Stellen um den Flügel säubern.

● Wait until the melted snow has frozen com-pletely. At very warm temperatures, this can be accelerated with a freezing spray. Then finish off the points around the wings.

▼ Attendre que la neige gèle. En cas de température trop élevée, il est possible d'accé-lérer le durcissement à l'aide d'une bombe réfrigérante. Ensuite, éliminer les souillures autour des ailes.

■ Attendere che la poltiglia di neve si congeli. Con temperature molto elevate è possibile ricorrere ad un ghiaccio spray. Successivamente pulire i punti dell'attaccatura e le ali.

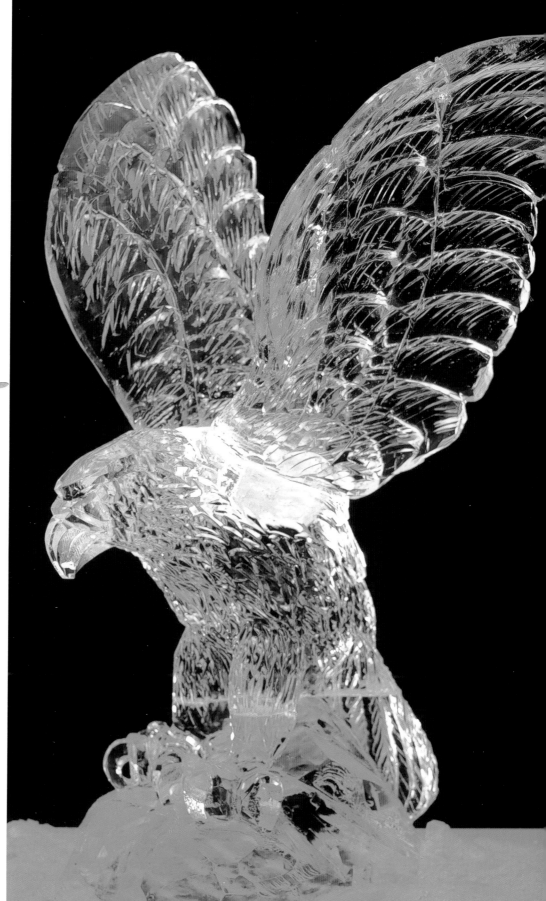

Mr Carving

● Je weiter die Spannweite der Flügel, desto grösser einerseits der Effekt, andererseits jedoch auch die Gefahr, dass ein Flügel abbricht. Bei nötigen Transporten deshalb keine weiten Spannweiten wählen oder die Flügel erst vor Ort einsetzen.

● The larger the wingspan, the greater the effect. However, the danger of a wing breaking off, augments proportionally. Should you need to transport the sculpture, either minimise the span or fit the wings on-site.

▼ Plus l'envergure est grande, plus l'effet est impressionnant, mais plus le risque est grand qu'une aile ne casse. Si la sculpture doit être transportée, ne pas opter pour une envergure trop importante ou fixer les ailes une fois à destination.

■ Una grande apertura alare assicura un effetto maggiore, tuttavia cresce anche il pericolo che l'ala si rompa. In caso di trasporto, non scegliere un'apertura alare troppo grande oppure inserire le ali solo sul posto.

Kugel
Sphere
Globe
Sfera

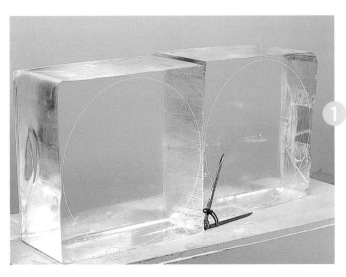

◖ Den Block halbieren. Das Ausgangsmass beider Stücke beträgt 25×50×50 cm. Zusammengesetzt wird die Kugel demzufolge einen Durchmesser von 50 cm haben. Auf beide Stücke je einen Kreis von 50 cm Durchmesser aufritzen.

● Cut the block in half. The original dimensions of both parts are 25×50×50 cm. When they are placed together, it therefore follows that the sphere will have a diameter of 50 cm. Trace out a circle with a 50 cm diameter upon both pieces.

▼ Couper le bloc en deux. Les dimensions initiales des deux parties sont 25×50×50 cm. Après assemblage, le globe aura donc un diamètre de 50 cm. Tracer un cercle de 50 cm de diamètre sur chacune des deux parties.

■ Tagliare il blocco in due parti ciascuna di dimensioni 25×50×50 cm. Di conseguenza la sfera che verrà ricavata dall'unione delle parti avrà un diametro di 50 cm. Incidere su entrambi i pezzi un cerchio di diametro di 50 cm.

◖ Um das Maximum aus einem Block herauszuholen, haben wir uns für die zusammengesetzte Kugel entschieden.

● To obtain the maximum results from a single block, we have opted for a sphere composed of two equal parts.

▼ Pour exploiter un bloc au mieux, nous avons opté pour un globe fait de deux parties.

■ Per ricavare il massimo da un blocco è consigliabile ricavare la sfera dall'unione di due parti.

◖ Die Kreise mit der Kettensäge aussägen.

● Cut out the circles with the chain saw.

▼ Découper des cylindres en sciant les cercles à la tronçonneuse.

■ Segare i cerchi servendosi della sega a catena.

◖ Oben von der Mitte her beginnend nach unten mit dem Flachmeissel runden. Auf keinen Fall den unteren Kreis verletzen, sonst stimmt die Rundung nicht mehr.

● Using a flat chisel, round off the block, starting at the top centre moving downwards. Under no circumstances must you damage the lower circle as the curvature would otherwise be incorrect.

▼ Arrondir à l'aide du ciseau plat en commençant en haut au milieu. Veiller à ne pas abîmer le cercle de la base qui, sinon, ne serait plus rond.

■ Arrotondare il pezzo partendo dal centro in alto e muovendo verso il basso. Non danneggiare in nessun modo il cerchio inferiore, altrimenti la rotondità non risulterà corretta.

Mit einer aus Karton hergestellten Schablone die Rundungen rundherum prüfen und die Unebenheiten wenn nötig korrigieren. Geübte Meisslerinnen und Meissler sind natürlich nicht auf die Schablone angewiesen. Je perfekter die beiden Hälften vorbereitet werden, desto schöner wird die Kugel nachher. Es muss, wenn sie zusammengesetzt ist, auch weniger korrigiert werden.

Using a template made from cardboard, check the complete curvature and correct unevenness as necessary. Experienced chisellers will not need to rely upon a template. The more perfectly the two halves are prepared, the more beautiful will be the appearance of the sphere later. It will also need less correction when assembled.

Vérifier l'arrondi du pourtour à l'aide d'un chablon en carton et, le cas échéant, corriger les inégalités. Les artistes expérimentés n'ont évidemment pas besoin de chablon. Plus la préparation des deux moitiés sera soignée, plus le globe achevé sera beau. Et il ne devra plus guère être rectifié après assemblage.

Con una sagoma in cartone verificare tutto attorno la rotondità delle forme e correggere ove necessario. Ovviamente gli scultori esperti non hanno bisogno della sagoma. La bellezza della sfera dipenderà anche dalla perfezione della lavorazione delle due metà. Una lavorazione perfetta eviterà anche di dover ritoccare e correggere la sfera dopo che i due pezzi sono stati uniti.

Beide Kugelhälften gemäss Technik Seite 21 verleimen. Darauf achten, dass die untere Kugelhälfte nicht wegrollen kann.

Glue the two halves together using the technique described on Page 21. Whilst doing this, ensure that the lower half of the sphere cannot roll away.

Coller les deux moitiés selon la technique décrite à la page 21. Veiller à empêcher la moitié inférieure de rouler.

Incollare entrambe le semisfere in base alla tecnica di pagina 21. Fare attenzione a non far rotolare la semisfera inferiore.

- Die Naht mit dem grossen Flachmeissel säubern.

- Tidy up the seam using a large flat chisel.

- Rectifier les inégalités de la liaison à l'aide du grand ciseau plat.

- Ripulire lungo la linea di unione servendosi dello scalpello piatto.

Mr Carving

Ein Paradestück für Meissle-rinnen und Meissler, die ihr Kön-nen zeigen möchten. Aufgrund ihrer Kompaktheit hält die Kugel sehr lange. Alleine hat sie keine grosse Wirkung, sie wird daher oft als Zusatz verwendet.

This is a showpiece for chisel-lers who want to demonstrate their skills. Its compact form enables the sphere to last a long time. It does not have a great effect alone and is therefore often used as a complimentary item.

Le globe est la pièce entre toutes pour les artistes qui dési-rent démontrer leur savoir-faire. De forme compacte, le globe tient très longtemps.
Du fait que, seul, il ne fait pas grand effet, il est fréquemment employé comme élément d'un ensemble.

Questo è un soggetto che permette agli scultori di mo-strare le loro capacità. Grazie alla sua compattezza, la sfera dura molto a lungo. Esposta da sola non è di particolare effetto, viene quindi utilizzata come complemento espositivo.

Sujet-Vorschläge • Ideas for subjects

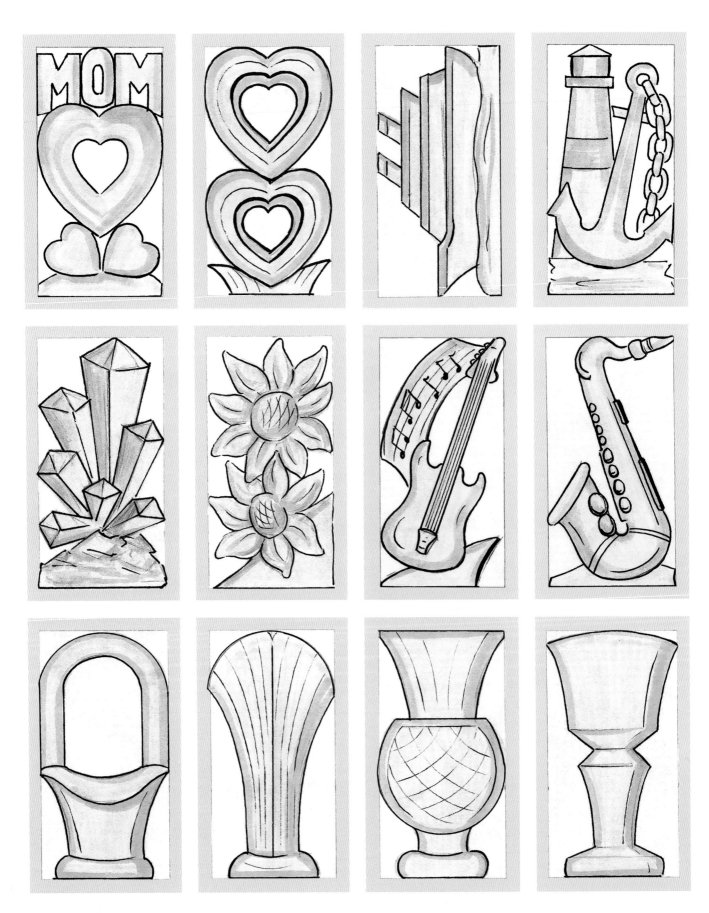

Propositions de sujets • Idee per soggetti

Sujet-Vorschläge • Ideas for subjects
Propositions de sujets • Idee per soggetti

Sujet-Vorlagen
Subject patterns

Sujets
Idee per soggetti

Für ein optimales Zeitmanagement lohnt es sich, von oft gebrauchten Sujets Vorlagen zu erstellen.
Sie können Ihre Vorlagen selbst entwerfen. Für Schablonen sehr geeignet ist Packpapier, da es auf der einen Seite eine Wasser abstossende Oberfläche hat. Dadurch kann das Papier einfacher auf dem Eisblock verschoben werden, bis es passt. Zugleich ist Packpapier widerstandsfähig und kann mehrmals verwendet werden.
Sollte Zeichnen nicht Ihre Stärke sein, können Sie unsere fertigen Entwurfsvorlagen bestellen. Die verfügbaren Sujets finden Sie unter www.artonfood.com.

For optimal time management, it pays to create your own patterns for subjects that you use frequently.
Wrapping paper that has a water resistant surface on one side is very suitable for making templates, as it can be easily moved about on the ice until it is in the correct position. The paper is also more resilient, and can be used several times.
If drawing is not your forte, you can order our ready-to-use patterns. You will find all the available subjects under www.artonfood.com.

Il vaut la peine pour ne pas perdre trop de temps d'établir des modèles de sujets souvent utilisés. Vous pouvez vous-mêmes concevoir vos modèles. Le papier d'emballage se prête particulièrement bien comme gabarit car il possède sur un côté une surface hydrofuge. Le papier peut être ainsi simplement déplacé sur le bloc de glace jusqu'à ce qu'il soit ajusté. Le papier d'emballage est en outre résistant et peut être employé plusieurs fois.
Si le dessin n'est pas votre point fort, vous pouvez passer commande de nos modèles tout faits. Vous trouverez les sujets disponibles sous www.artonfood.com.

Per una gestione ottimale del tempo è consigliabile realizzare dei modelli di quei soggetti usati più di frequente.
Potete progettare voi stessi i vostri modelli. Per le sagome è molto indicata la carta da pacchi poiché ha un lato idrorepellente. Ciò consente di spostare liberamente la sagoma sul blocco di ghiaccio fino al punto desiderato. Inoltre la carta da pacchi è resistente e può essere usata più volte.
Se il disegno non è il vostro forte, potete ordinare i nostri modelli pronti. Troverete i soggetti disponibili all'indirizzo www.artonfood.com.

Die Vorlage auf den Eisblock auflegen. Wenn nicht im Tiefkühlraum geschnitzt wird und das Eis die richtige Temperatur hat, haftet das Papier am Block. Wird jedoch im Tiefkühler geschnitzt, die Schablone an den Ecken leicht befeuchten. Zum Entfernen das Papier wieder leicht befeuchten, damit es nicht reisst.

Lay the pattern on the ice block. If the carving is not being carried out in the freezer room, and the ice is at the correct temperature, the paper will stick to the ice. If the work is being carried out in the freezer room, however, dampen the pattern slightly at the corners. To remove the paper, dampen it once again so that it will not tear.

Poser le modèle sur le bloc de glace. Quand la sculpture ne se déroule pas en chambre froide et que la glace a la bonne température, le papier adhère au bloc. Si on sculpte dans le congélateur, légèrement humecter le gabarit dans les coins. Pour enlever le papier, humecter de nouveau légèrement le papier afin qu'il ne se déchire pas.

Porre il modello sul blocco di ghiaccio. Se non si lavora nel vano congelatore e il ghiaccio ha raggiunto la temperatura giusta, la carta rimane attaccata al blocco. Se invece si lavora nel vano congelatore, inumidire leggermente gli angoli della sagoma. Per rimuovere la carta, inumidire nuovamente gli angoli in modo che non si strappi.

Mit dem Vorlagenmarkierer den Konturen des Sujets nachfahren.

Trace the contours of the subject using your pattern marker.

Tracer les contours du sujet avec le marqueur de modèle.

Con il marcatore per modelli passare lungo i contorni dei soggetti.

Werden die Vorlagen sorgfältig getrocknet und aufbewahrt, können sie beliebig oft verwendet werden.

If the patterns are carefully dried and stored, you can re-use them as often as you like.

Si les modèles sont soigneusement séchés et conservés, ils peuvent être utilisés un grand nombre de fois.

I modelli asciugati e conservati correttamente possono essere riutilizzati tutte le volte che lo si desidera.

Die Sujet-Vorlage entfernen und trocknen lassen. Die Skulptur dem aufgezeichneten Umriss entlang mit der Kettensäge aussägen und gemäss den Instruktionen in diesem Buch schnitzen.

Remove the subject pattern and allow it to dry. Cut along the sketched outline of the sculpture with the chain saw, and then carve as instructed in this book.

Enlever le modèle du sujet et le laisser sécher. Scier la sculpture à l'aide de la scie à chaînette le long du contour dessiné et sculpter conformément aux instructions figurant dans ce livre.

Rimuovere il modello del soggetto e lasciare asciugare. Passare con la sega a catena lungo le linee tratteggiate del contorno della scultura e scolpire in base alle istruzioni contenute nel presente libro.

Fachschule • School • Ecole • Scuola

Eismeisseln unter dem Motto «Praxis statt Theorie»

Ziele des zweitägigen Grundkurses sind:
- richtigen Umgang mit dem Eis erlernen
- Beherrschung der Meissel-Werkzeuge
- Grundtechniken des Eismeisselns kennen lernen und anwenden
- Sujets entwerfen und skizzieren

Nach einer kurzen Einführung in das Eismeisseln wagt sich jeder Kursteilnehmer an eine Fisch-Skulptur. Sämtliche Schritte vom Eisblock bis zur fertigen Figur werden gemeinsam vollzogen.

In einem weiteren Schritt werden die Kursteilnehmer bereits zum Entwerfen und Schnitzen von eigenen Figuren motiviert. Dies entspricht ganz dem Leitgedanken des Kurses, soll doch jeder Kursteilnehmer fähig werden, ohne Betreuung der Fachperson eine Figur zu gestalten.

Die Ziele des Fortsetzungskurses sind:
- korrekte Handhabung der Kettensäge
- Verleimen von Blöcken
- Einfrierungstechniken
- Eingravieren von Schriften

In unserer Fachschule für Kochartistik bieten wir weitere Kurse mit professionellen Fachlehrern an:
- Früchte- und Gemüseschnitzen
- Margarine modellieren
- Schokoladenschaustücke
- Zucker ziehen und giessen
- Skulpturen aus Gelatinezucker
- Styropor-Dekorationen
- Skulpturen aus Salzteig

Sie finden uns ganz in der Nähe von Luzern, einer der schönsten Städte der Welt. Verbinden Sie Ihre Weiterbildung mit ein paar erholsamen Tagen mitten in der Zentralschweiz.
Weitere Informationen erhalten Sie unter info@artonfood.com oder Sie besuchen unsere Web-Seite www.artonfood.com.

Jeder kann von den Ideen der Mitschüler profitieren.

Everyone can profit from their classmates' ideas.

Ice carving under the motto "Practice instead of theory"

The goals of the two-day course are:
- to learn the correct handling of the ice
- to master the use of the chisels
- to learn and use the basic techniques of ice carving
- to draw up and sketch subjects

After a brief introduction to ice carving, each participant will attempt a fish sculpture. All the steps from the ice block to the finished figure will be carried out together.
In a further stage, the course participants will be encouraged to design and carve their own figures. This is in line with the guiding principle of the course: that each participant should be able to create a figure without any help from a specialist.

The goals of the advanced course are:
- the correct handling of the chain saw
- gluing ice blocks
- freezing techniques
- engraving letters

In our school for culinary artistry (Fachschule für Kochartistik), we offer additional courses with professional instructors:
- Fruit and vegetable carving
- Margarine modelling
- Chocolate showpieces
- Drawing and moulding sugar
- Sculptures from gelatine sugar
- Styropor decorations
- Sculptures from modelling dough

You will find us very close to Lucerne, one of the most beautiful cities in the world. Combine your training course with a few relaxing days in Central Switzerland. You can obtain further information from info@artonfood.com or you can visit our Web page www.artonfood.com.

Sculpter la glace selon la devise «La pratique vaut mieux que la théorie»

Les objectifs du cours de base de deux jours sont:
- apprendre à manipuler correctement la glace
- maîtriser l'emploi des burins
- connaître, apprendre et appliquer les techniques de base de la sculpture sur glace
- concevoir et esquisser des sujets

Après une courte introduction à la sculpture sur glace, chaque participant du cours s'aventure à sculpter un poisson. Toutes les étapes, depuis le bloc de glace jusqu'à la figure terminée, sont accomplies en commun.
Ensuite, les participants du cours sont motivés pour concevoir et sculpter leurs propres sujets. Ceci correspond entièrement à l'idée directrice du cours voulant que chaque participant soit capable de modeler une figure sans l'assistance d'un spécialiste.

Les objectifs du cours suivant sont:
- manipuler correctement la scie à chaînette

Fachschule • School • Ecole • Scuola

▼ Chacun peut profiter des idées des autres.

■ Ognuno può imparare dalle idee degli altri partecipanti.

– coller les blocs de glace
– techniques de congélation
– graver des inscriptions

Dans notre école de sculpture culinaire, nous proposons d'autres cours dirigés par des instructeurs professionnels:
– Sculpture de fruits et de légumes
– Modelage de la margarine
– Pièces décoratives en chocolat
– Etirer et fondre du sucre
– Sculpture en sucre de pastillage
– Décorations en styropore
– Sculptures en pâte salée
Vous nous trouverez tout près de Lucerne, une des plus belles villes du monde. Combinez votre complément de formation avec quelques jours de délassement au cœur de la Suisse centrale.
Vous obtiendrez d'autres informations sous info@artonfood.com ou en consultant notre page web www.artonfood.com.

■ **Scolpire il ghiaccio con il motto «pratica invece di teoria»**
Gli obiettivi del corso di due giorni sono i seguenti:
– apprendimento dell'approccio corretto per la lavorazione del ghiaccio
– utilizzo corretto degli scalpelli
– apprendimento delle tecniche di base della scultura del ghiaccio e loro applicazione pratica
– progettazione di soggetti e disegno.
Dopo una breve introduzione nel mondo della scultura del ghiaccio, ogni partecipante si cimenta con la scultura di un pesce. Verranno completate assieme tutte le fasi, dal blocco di ghiaccio fino alla figura finita.
In una fase successiva, i partecipanti saranno già incoraggiati a progettare e scolpire figure proposte da loro stessi. Ciò rispecchia il filo conduttore di tutto il corso: ogni partecipante deve essere capace di raffigurare un soggetto senza l'assistenza dell'esperto.

Gli obiettivi del corso avanzato sono i seguenti:
– uso corretto della sega a catena
– incollaggio di blocchi
– tecniche di congelamento
– incisione di scritte.
Nella nostra scuola di arte decorativa culinaria offriamo anche altri corsi con insegnanti professionisti:
– intaglio di frutta e verdura
– modellazione della margarina
– opere espositive in cioccolato
– lavorazione e fusione dello zucchero
– sculture in zucchero gelatina
– decorazioni in polistirolo espanso
– sculture in pasta di sale.
La nostra scuola si trova vicino a Lucerna, una delle più belle città del mondo dove è possibile affiancare al corso di aggiornamento anche un paio di giorni riposanti nel cuore della Svizzera.
Per ulteriori informazioni scrivere a info@artonfood.com o visitare la pagina Web www.artonfood.com.

Werkzeuge • Tools • Outils • Utensili

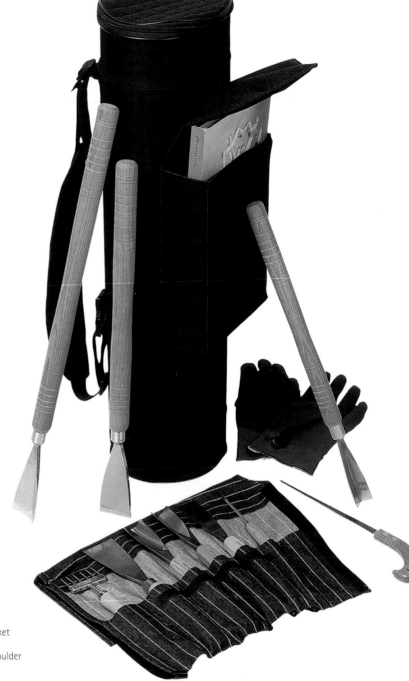

65100	Einsteiger-Profi-Set, bestehend aus:
	1× 65085 Eismeissel-Set 6-teilig
	1× 65093 Flachmeissel, Breite 8 cm
	1× 65086 V-Meissel Breite 3×3 cm, 90°
	1× 65095 Rundmeissel, Breite 6 cm
	1× 65042 Eisschmirgelsäge, 21 cm
	1× 71331 Handschuhe
	1× 65109 Tasche für Eiswerkzeug
	1× 92630 Eis-Artistik, das grosse Lehrbuch
65101	Wie 65100, mit Kettensäge 11960
65103	Wie 65100, ohne Buch 92630
65104	Wie 65101, ohne Buch 92630
65109	Tasche für Eiswerkzeug, verstärkt, mit Einlagen und Aussentasche 23×30,5 cm für Buch oder Werkzeug-Set 65085 Aussenmasse: Länge 82 cm, Durchmesser 22 cm, mit Umhängeriemen und Traggriff

65100	Starter's professional set, consisting of:
	1× 65085 ice chisel set, 6 piece
	1× 65093 flat chisel, width 8 cm
	1× 65086 V-chisel, width 3×3 cm, 90°
	1× 65095 round chisel, width 6 cm
	1× 65042 ice-sanding saw, 21 cm
	1× 71331 gloves
	1× 65109 pouch for the ice tools
	1× 92630 Ice Artistry, the large textbook
65101	As 65100, with chain saw 11960
65103	As 65100, without the book 92630
65104	As 65101, without the book 92630
65109	Pouch for ice tools, reinforced, with inserts and outer pocket 23×30.5 cm for book or the 675085 tool set. Outer dimensions: length 82 cm, diameter 22 cm with shoulder strap and carrying handle

65100	Jeu pour débutant-professionnel comprenant:
	1× 65085 jeu de 6 ciseaux à glace
	1× 65093 ciseau plat, largeur 8 cm
	1× 65086 ciseau en V, largeur 3×3cm, 90°
	1× 65095 ciseau rond, largeur 6 cm
	1× 65042 scie abrasive à glace, 21 cm
	1× 71331 gants
	1× 65109 trousse pour outils à glace
	1× 92630 Sculpture sur glace, le grand livre pratique
65101	Comme 65100 avec scie à chaînette 11960
65103	Comme 65100 sans manuel 92630
65104	Comme 65101 sans manuel 92630
65109	Trousse pour outils à glace, renforcée, avec inserts et poche extérieure 23×30,5 cm pour manuel ou jeu d'outils 65085 Cotes extérieures: longueur 82 cm, diamètre 22 cm, avec bandoulière et poignée

65100	Set professionale per principianti, composto da:
	1× 65085 set di scalpelli da ghiaccio di 6 pezzi
	1× 65093 scalpello piatto, larghezza 8 cm
	1× 65086 scalpello a V, larghezza 3×3 cm, 90°
	1× 65095 scalpello tondo, larghezza 6 cm
	1× 65042 seghetto da smeriglio, 21 cm
	1× 71331 guanti
	1× 65109 borsa per utensili da lavorazione ghiaccio
	1× 92630 L'arte del ghiaccio, il grande libro
65101	Come 65100, con sega a catena 11960
65103	Come 65100, senza libro 92630
65104	Come 65101, senza libro 92630
65109	Borsa per utensili da lavorazione ghiaccio, rafforzata, con inserzioni e tasca esterna 23×30,5 cm per libro o set utensili 65085 Misure esterne: lunghezza 82 cm, diametro 22 cm, con cinghia per tracolla e manici

Werkzeuge • Tools • Outils • Utensili

65085   Eismeissel-Set 6-teilig, in Stoff-Etui, mit speziellem TS-Schliff,
kurze Holzgriffe für wendiges Arbeiten, bestehend aus:
1 V-Meissel, Breite 2,4×2,4 cm, Länge 26 cm
1 Rundmeissel, Breite 3,5 cm, Länge 26 cm
2 Flachmeissel, Breite 3,5 cm, Länge 26,5 cm und
Breite 6 cm, Länge 30 cm
Eis-Pick, Länge 23 cm, mit Holzgriff
Eiserkleinerer/Markierer mit 6 Zähnen, Holzgriff

65085   Ice chisel set, 6 piece, in cloth carrying case, with special TS grinding,
short wooden handles for working, consisting of:
1 V-chisel, width 2.4×2.4 cm, length 26 cm
1 round chisel, width 3.5 cm, length 26 cm
2 flat chisels, width 3.5 cm, length 26.5 cm, and width 6 cm,
length 30 cm
Ice pick, length 23 cm, with wooden handle
Ice crusher/marker with 6 teeth, wooden handle

65085   Jeu de 6 ciseaux à glace en étui d'étoffe avec affûtage spécial TS,
à poignée de bois courte pour travail fin, comprenant:
1 ciseau en V, largeur 2,4×2,4 cm, longueur 36 cm
1 ciseau rond, largeur 3,5 cm, longueur 26 cm
2 ciseaux plats, largeur 3,5 cm, longueur 26,5 cm et largeur 6 cm,
longueur 30 cm
pic à glace, longueur 23 cm avec manche en bois, broyeur de
glace/marqueur à 6 dents, manche en bois

65085   Set di scalpelli da ghiaccio di 6 pezzi, in astuccio di stoffa, con particolare affilatura TS, corti manici di legno per lavoro svelto, composto da:
1 scalpello a V, larghezza 2,4×2,4 cm, lunghezza 26 cm
1 scalpello tondo, larghezza 3,5 cm, lunghezza 26 cm
2 scalpelli piatti, larghezza 3,5 cm, lunghezza 26,5 cm e larghezza
6 cm, lunghezza 30 cm
Punteruolo da ghiaccio, lunghezza 23 cm, con manico di legno
Trituratore di ghiaccio/marcatore a 6 punte, manico di legno

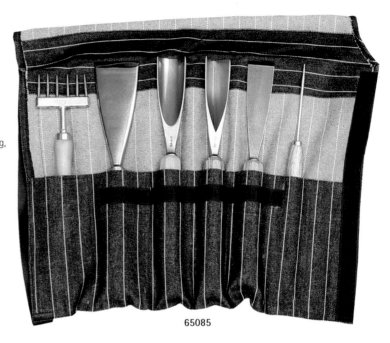

65085

65080

65080   Eismeissel-Set 7-teilig, in Etui, bestehend aus:
1 V-Meissel, Breite 3×3 cm, Länge 30,5 cm
1 Rundmeissel, Breite 3,7 cm, Länge 30,5 cm
3 Flachmeissel, Breite 3,7 cm/3,5 cm/3 cm, Länge je 30,5 cm
2 Stein-Schärfer (1 runder und 1 eckiger)
1 Messer, Klinge 13,5 cm

65080   Ice chisel set, 7 piece, in carrying case, consisting of:
1 V-chisel, width 3×3 cm, length 30.5 cm
1 round chisel, width 3.7 cm, length 30.5 cm
3 flat chisels, widths 3.7 cm/3.5 cm/3 cm, length of each 30.5 cm
2 sharpening stones (1 round and 1 square)
1 knife, with 13.5 cm blade

65080   Jeu de 7 ciseaux à glace en étui comprenant:
1 ciseau en V, largeur 3×3 cm, longueur 30,5 cm
1 ciseau rond, largeur 3,7 cm, longueur 30,5 cm
3 ciseaux plats, largeur 3,7/3,5/3 cm, longueur 30,5 cm chacun
2 pierres à aiguiser (1 ronde et 1 angulaire)
1 couteau, lame 13,5 cm

65080   Set di scalpelli da ghiaccio di 7 pezzi, in astuccio, composto da:
1 scalpello a V, larghezza 3×3 cm, lunghezza 30,5 cm
1 scalpello tondo, larghezza 3,7 cm, lunghezza 30,5 cm
3 scalpelli piatti, larghezza 3,7 cm/3,5 cm/3 cm, lunghezza 30,5 cm
cadauno
2 affila pietra (1 tondo e 1 angolare)
1 coltello, lama 13,5 cm

Werkzeuge • Tools • Outils • Utensili

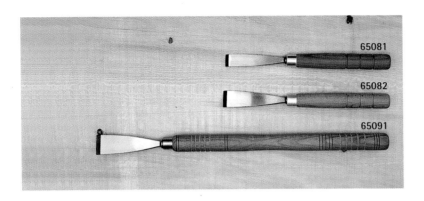

65081	Flachmeissel, Breite 2,5 cm, Länge 33 cm	
65082	Flachmeissel, Breite 3,5 cm, Länge 33 cm	
65091	Flachmeissel, Breite 4,0 cm, Länge 60 cm	
65081	Flat chisel, width 2.5 cm, length 33 cm	
65082	Flat chisel, width 3.5 cm, length 33 cm	
65091	Flat chisel, width 4.0 cm, length 60 cm	
65081	Ciseau plat, largeur 2,5 cm, longueur 33 cm	
65082	Ciseau plat, largeur 3,5 cm, longueur 33 cm	
65091	Ciseau plat, largeur 4,0 cm, longueur 60 cm	
65081	Scalpello piatto, larghezza 2,5 cm, lunghezza 33 cm	
65082	Scalpello piatto, larghezza 3,5 cm, lunghezza 33 cm	
65091	Scalpello piatto, larghezza 4,0 cm, lunghezza 60 cm	

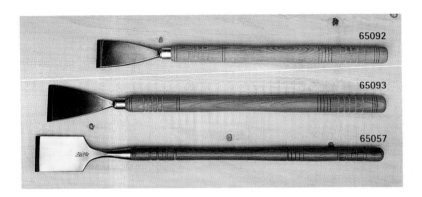

65092	Flachmeissel Breite 6,0 cm, Länge 60 cm	
65093	Flachmeissel Breite 8,0 cm, Länge 72 cm	
65057	Flachmeissel Breite 9,0 cm, Länge 72 cm	
65092	Flat chisel, width 6.0 cm, length 60 cm	
65093	Flat chisel, width 8.0 cm, length 72 cm	
65057	Flat chisel, width 9.0 cm, length 72 cm	
65092	Ciseau plat, largeur 6,0 cm, longueur 60 cm	
65093	Ciseau plat, largeur 8,0 cm, longueur 72 cm	
65057	Ciseau plat, largeur 9,0 cm, longueur 72 cm	
65092	Scalpello piatto, larghezza 6,0 cm, lunghezza 60 cm	
65093	Scalpello piatto, larghezza 8,0 cm, lunghezza 72 cm	
65057	Scalpello piatto, larghezza 9,0 cm, lunghezza 72 cm	

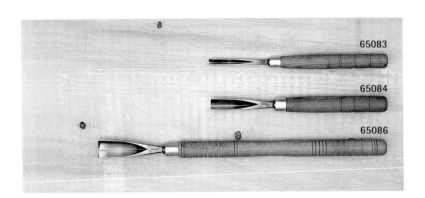

65083	V-Meissel, Breite 1×1 cm, 60°, Länge 33 cm	
65084	V-Meissel, Breite 2×2 cm, 60°, Länge 33 cm	
65086	V-Meissel, Breite 3×3 cm, 90°, Länge 53 cm	
65083	V-chisel, width 1×1 cm, 60°, length 33 cm	
65084	V-chisel, width 2×2 cm, 60°, length 33 cm	
65086	V-chisel, width 3×3 cm, 90°, length 53 cm	
65083	Ciseau en V, largeur 1×1 cm, 60°, longueur 33 cm	
65084	Ciseau en V, largeur 2×2 cm, 60°, longueur 33 cm	
65086	Ciseau en V, largeur 3×3 cm, 90°, longueur 63 cm	
65083	Scalpello a V, larghezza 1×1 cm, 60°, lunghezza 33 cm	
65084	Scalpello a V, larghezza 2×2 cm, 60°, lunghezza 33 cm	
65086	Scalpello a V, larghezza 3×3 cm, 90°, lunghezza 53 cm	

65087	Rundmeissel, Breite 2,0 cm, Länge 33 cm	
65088	Rundmeissel, Breite 3,5 cm, Länge 58 cm	
65094	Rundmeissel, Breite 5,0 cm, Länge 70 cm	
65095	Rundmeissel, Breite 6,0 cm, Länge 70 cm	

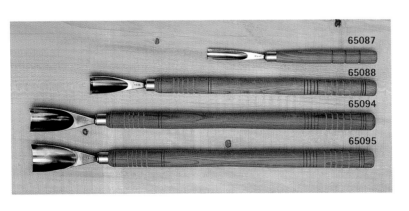

65087	Round chisel, width 2.0 cm, length 33 cm	
65088	Round chisel, width 3.5 cm, length 58 cm	
65094	Round chisel, width 5.0 cm, length 70 cm	
65095	Round chisel, width 6.0 cm, length 70 cm	
65087	Ciseau rond, largeur 2,0 cm, longueur 33 cm	
65088	Ciseau rond, largeur 3,5 cm, longueur 58 cm	
65094	Ciseau rond, largeur 5,0 cm, longueur 70 cm	
65095	Ciseau rond, largeur 6,0 cm, longueur 70 cm	
65087	Scalpello tondo, larghezza 2,0 cm, lunghezza 33 cm	
65088	Scalpello tondo, larghezza 3,5 cm, lunghezza 58 cm	
65094	Scalpello tondo, larghezza 5,0 cm, lunghezza 70 cm	
65095	Scalpello tondo, larghezza 6,0 cm, lunghezza 70 cm	

Werkzeuge • Tools • Outils • Utensili

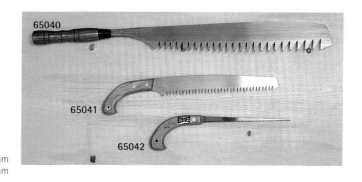

65040	Eissäge, schwere Ausführung, aus Japan, Klinge 530 mm
65041	Eissäge, schwere Ausführung, aus Japan, Klinge 300 mm
65042	Eisschmirgelsäge, aus Japan, Klinge 210 mm
65040	Ice saw, heavy duty, from Japan, 530 mm blade
65041	Ice saw, heavy duty, from Japan, 300 mm blade
65042	Ice sanding saw, from Japan, 210 mm blade
65040	Scie à glace, version massive, du Japon, lame 530 mm
65041	Scie à glace, version massive, du Japon, lame 300 mm
65042	Scie à glace abrasive, du Japon, lame 210 mm
65040	Sega per ghiaccio, modello pesante, provenienza Giappone, lama 530 mm
65041	Sega per ghiaccio, modello pesante, provenienza Giappone, lama 300 mm
65042	Seghetto da smeriglio, provenienza Giappone, lama 210 mm

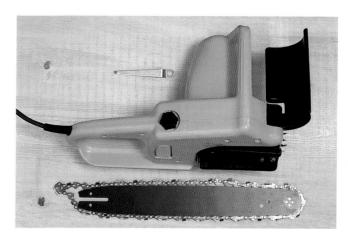

11960	Elektrische Eissäge, mit 0,3-l-Öltank, Schwertlänge 40 cm, 230 V/1650 W
11960	Electrical ice saw, with 0.3 l oil tank, blade length 40 cm, 230 V/1650 W
11960	Scie à glace électrique avec réservoir d'huile de 0,3 l, longueur de la lame 40 cm, 230 V/1650 W
11960	Sega per ghiaccio elettrica, con serbatoio olio da 0,3 l, lunghezza lama 40 cm, 230 V/1650 W

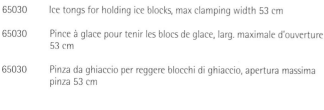

65030	Eiszange für das Halten von Eisblöcken, max. Klemmbreite 53 cm
65030	Ice tongs for holding ice blocks, max clamping width 53 cm
65030	Pince à glace pour tenir les blocs de glace, larg. maximale d'ouverture 53 cm
65030	Pinza da ghiaccio per reggere blocchi di ghiaccio, apertura massima pinza 53 cm

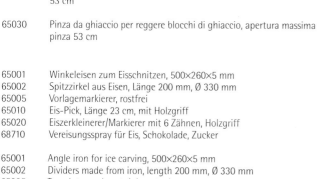

65001	Winkeleisen zum Eisschnitzen, 500×260×5 mm
65002	Spitzzirkel aus Eisen, Länge 200 mm, Ø 330 mm
65005	Vorlagemarkierer, rostfrei
65010	Eis-Pick, Länge 23 cm, mit Holzgriff
65020	Eiszerkleinerer/Markierer mit 6 Zähnen, Holzgriff
68710	Vereisungsspray für Eis, Schokolade, Zucker
65001	Angle iron for ice carving, 500×260×5 mm
65002	Dividers made from iron, length 200 mm, Ø 330 mm
65005	Template marker, stainless steel
65010	Ice pick, length 23 cm, with wooden handle
65020	Ice crusher/marker with 6 teeth, wooden handle
68710	Freezing spray for ice, chocolate, sugar
65001	Equerre en fer pour sculpter la glace 500×260×5 mm
65002	Compas à pointe en fer, longueur 200 mm, Ø 330 mm
65005	Marqueur de modèle, inoxydable
65010	Pic à glace, longueur 23 cm, avec manche en bois
65020	Broyeur à glace/marqueur à 6 dents, manche en bois
68710	Spray à glacer pour glace, chocolat, sucre
65001	Squadra di ferro per intagliare il ghiaccio, 500×260×5 mm
65002	Compasso a punta di ferro, lunghezza 200 mm, Ø 330 mm
65005	Marcatore del modello, inossidabile
65010	Punteruolo per ghiaccio, lunghezza 23 cm, con manico di legno
65020	Trituratore ghiaccio/marcatore a 6 punte, manico di legno
68710	Spray per formazione di ghiaccio per ghiaccio, cioccolata, zucchero

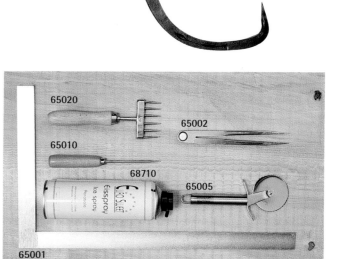

Werkzeuge • Tools • Outils • Utensili

Sicherheitshandschuh mit hoher Schneidresistenz, auch geeignet als Innenhandschuh
24896 Grösse L   24895 Grösse M   24894 Grösse S

Sicherheitshandschuh mit mittlerer Schneidresistenz, auch geeignet als Innenhandschuh, geschmeidiger als 24896–24894
24897 Grösse L   24898 Grösse M   24899 Grösse S

Eismeissel-Handschuh, beschichtet mit Jerseyfutter, hervorragender Nassgriff, auch bei Kälte grosse Flexibilität
71330 Grösse L   71331 Grösse M   71332 Grösse S (mit Strickbund)

Safety gloves with high cutting resistance, also suitable as an inner glove
24896 size L   24895 size M   24894 size S

Safety gloves with medium cutting resistance, also suitable as an inner glove, more flexible than 24896–24894
24897 size L   24898 size M   24899 size S

Ice chisel gloves with Jersey lining, outstanding wet grip, great flexibility, even when cold
71330 size L   71331 size M   71332 size S

Gants de sécurité hautement résistants aux coupures, convenant également comme gants d'intérieur
24896 taille L   24895 taille M   24894 taille S

Gants de sécurité résistants moyennement aux coupures, convenant aussi comme gants d'intérieur, plus souples que 24896–24894
24897 taille L   27898 taille M   27899 taille S

Gants pour burin à glace avec doublure de jersey, excellente prise sur les surfaces mouillées, grande souplesse aussi dans le froid
71330 taille L   71331 taille M   71332 taille S

Guanto di sicurezza con alta resistenza al taglio, adatto anche come guanto interno
24896 taglia L   24895 taglia M   24894 taglia S

Guanto di sicurezza con media resistenza al taglio, adatto anche come guanto interno, più morbido di 24896–24894
24897 taglia L   24898 taglia M   24899 taglia S

Guanto da scalpello per ghiaccio, rivestito con fodera in Jersey, ottima presa bagnata, molto flessibile anche al freddo
71330 taglia L   71331 taglia M   71332 taglia S (con polsino in maglia)

24896–24899

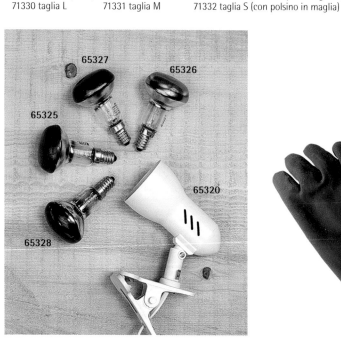

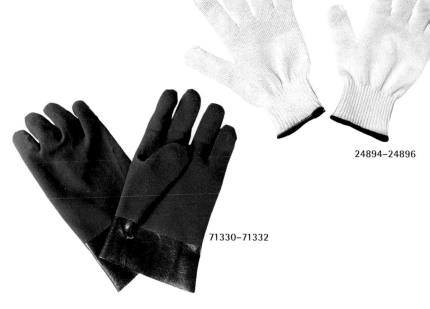

24894–24896

71330–71332

65320	Klemmspot 230 V, Kabellänge 180 cm, ideal zur individuellen Farbbeleuchtung von Eisskulpturen; passende Birnen mit Reflektoreffekt:		
65325	Reflektor-Birne R50 E14 40 W, rot	65327	Reflektor-Birne R50 E14 40 W, grün
65326	Reflektor-Birne R50 E14 40 W, gelb	65328	Reflektor-Birne R50 E14 40 W, blau

65320	Clip-on spotlight, cable length 180 cm, ideal for individual colour illumination of ice sculptures, matching bulbs with reflector effect:		
65325	Reflector bulb R50 E14 40 W, red	65327	Reflector bulb R50 E14 40 W, green
65326	Reflector bulb R50 E14 40 W, yellow	65328	Reflector bulb R50 E14 40 W, blue

65320	Spot à pince, 230 V, longueur de câble 180 cm, idéal pour éclairage individuel en couleur de sculptures sur glace, ampoules appropriées avec effet réflecteur:		
65325	Ampoule à réflecteur R50 E14 40 W, rouge	65327	Ampoule à réflecteur R50 E14 40 W, verte
65326	Ampoule à réflecteur R50 E14 40 W, jaune	65328	Ampoule à réflecteur R50 E14 40 W, bleue

65320	Spot di bloccaggio 230 V, lunghezza cavo 180 cm, ideale per l'illuminazione a colori individuale di sculture di ghiaccio, lampadine idonee con effetto riflettore:		
65325	Lampadina riflettore R50 E14 40 W, rossa	65327	Lampadina riflettore R50 E14 40 W, verde
65326	Lampadina riflettore R50 E14 40 W, gialla	65328	Lampadina riflettore R50 E14 40 W, blu

Werkzeuge • Tools • Outils • Utensili

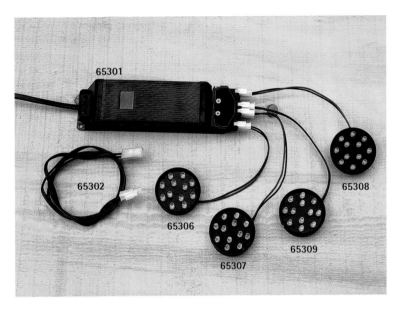

65301	LED-Netzteil 230 V, max. 4,8 W, 6 Ausgänge
65306	LED-Licht, blau-klar, 0,96 W, Kabellänge 15 cm
65307	LED-Licht, rot-klar, 0,96 W, Kabellänge 15 cm
65308	LED-Licht, gelb-klar, 0,96 W, Kabellänge 15 cm
65309	LED-Licht, grün-klar, 0,96 W, Kabellänge 15 cm
65302	LED-Lampen-Verlängerungskabel 100 cm
65303	LED-Lampen-Verlängerungskabel 200 cm

65301	LED power unit 230 V, max. 4.8 W, 6 outputs
65306	LED light, clear blue, 0.96 W, cable length 15 cm
65307	LED light, clear red, 0.96 W, cable length 15 cm
65308	LED light, clear yellow, 0.96 W, cable length 15 cm
65309	LED light, clear green, 0.96 W, cable length 15 cm
65302	Extension cable for LED lamps 100 cm
65303	Extension cable for LED lamps 200 cm

65301	Bloc d'alimentation LED 230 V max. 4,8 W, 6 sorties
65306	Lumière LED, bleu transparent 0,96 W, longueur de câble 15 cm
65307	Lumière LED, rouge transparent 0,96 W, longueur de câble 15 cm
65308	Lumière LED, jaune transparent 0,96 W, longueur de câble 15 cm
65309	Lumière LED, vert transparent 0,96 W, longueur de câble 15 cm
65302	Rallonge lampe LED 100 cm
65303	Rallonge lampe LED 200 cm

65301	Sezione di rete LED 230 V, massimo 4,8 W, 6 uscite
65306	Luce LED, blu chiaro, 0,96 W, lunghezza cavo 15 cm
65307	Luce LED, rosso chiaro, 0,96 W, lunghezza cavo 15 cm
65308	Luce LED, giallo chiaro, 0,96 W, lunghezza cavo 15 cm
65309	Luce LED, verde chiaro, 0,96 W, lunghezza cavo 15 cm
65302	Cavo di prolungamento lampade LED 100 cm
65303	Cavo di prolungamento lampade LED 200 cm

37993	Achteckiges Podest für Eisskulpturen, elektrisch drehbar, von unten beleuchtet, mit 2 Farbscheiben rot/blau, Ø 56 cm, integriertes Ablaufsystem, Seitenwände aus Acryl-Spiegeln, Dim. 76×76×26 cm
37993	Octagonal stand for ice sculptures, electrically rotated, illuminated from below, with 2 red/blue coloured disks, Ø 56 cm, with integrated drainage system, side panels from acrylic mirrors, dimensions 76×76×26 cm
37993	Plate-forme octogonale pour sculptures sur glace, rotative électriquement, éclairée du dessous avec deux panneaux couleur rouge/bleu Ø 56 cm, système d'écoulement intégré, parois latérales en miroir acrylique, dim. 76×76×26 cm
37993	Pedana ottagonale per sculture di ghiaccio, girabile elettricamente, illuminata da sotto, con 2 ripiani colorati rosso/blu, Ø 56 cm, sistema di scolo integrato, pareti laterali di specchi acrilici, dim. 76×76×26 cm

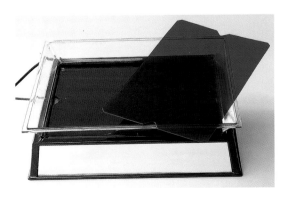

37994	Wanne für Eisskulpturen, rechteckig, von unten beleuchtet, komplett mit 2 Farbscheiben rot/blau, 39×49 cm, integriertes Ablaufsystem, Seitenwände aus Acryl-Spiegeln, Dim. 60×40×9 cm, aufsetzbarer, durchsichtiger Rahmen 74×54×22 cm
37994	Tank for ice sculptures, rectangular, illuminated from below, complete with 2 red/blue coloured disks, 39×49 cm, integrated drain system, side panels made from acrylic mirrors, dimensions 60×40×9, mountable see-through frame 74×54×22 cm
37994	Bac pour sculptures sur glace, rectangulaire, éclairé du dessous, complet avec 2 panneaux rouge/bleu 39×49 cm, système d'écoulement intégré, parois latérales en miroir acrylique, dim. 60×40×9 cm, cadre transparent démontable
37994	Vasca per sculture di ghiaccio, rettangolare, illuminata da sotto, completa di due ripiani colorati rosso/blu, 39×49 cm, sistema di scolo integrato, pareti laterali di specchi acrilici, dim. 60×40×9 cm, cornice trasparente da sovrapporre 74×54×22 cm

Fachbücher • Specialist books

Das grosse Lehrbuch der Gemüse- und Früchteschnitzerei von Xiang Wang zeigt auf 200 Seiten in 26 Lektionen wahre Kunstwerke, die jedes Buffet verschönern.

Art.-Nr. 92650
ISBN 3-9522048-1-1

The Complete Manual to Vegetable and Fruit Carving – in 26 lessons on 200 pages, Xiang Wang demonstrates real pieces of art that will enrich any buffet.

Art. No. 92650
ISBN 3-9522048-1-1

Le grand livre d'enseignement de la sculpture des légumes et des fruits de Xiang Wang présente sur 200 pages en 28 leçons de vrais chefs-d'œuvre qui embellissent tous les buffets.

N° art. 92650
ISBN 3-9522048-1-1

Il grande libro per apprendere l'intaglio della verdura e della frutta di Xiang Wang mostra su 200 pagine in 26 lezioni veri capolavori, capaci di abbellire qualsiasi buffet.

No art. 92650
ISBN 3-9522048-1-1

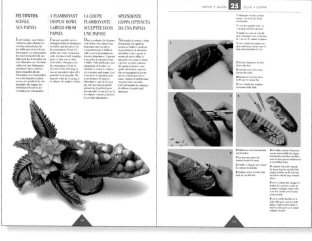

Littérature • Manuale tecnico

Das Lehrbuch Früchte schneiden und schnitzen
von Xiang Wang ist in Lektionen nach Früchten aufgegliedert.
Auf 206 Seiten wird vermittelt, wie Früchte dekorativ aufgeschnitten und zu Kunstwerken geschnitzt werden können.

Art.-Nr. 92651
ISBN 3-9522048-0-3

Le manuel d'enseignement «Couper et tailler des fruits» de Xiang Wang propose des leçons pour chaque fruit.
Sur 206 pages, il explique comment couper les fruits de manière décorative et les sculpter pour en faire des chefs-d'œuvre.

N° art. 92651
ISBN 3-9522048-0-3

Cutting and Carving Fruit
by Xiang Wang is organised into lessons according to the type of fruit.
In 206 pages, it describes how fruit can be decoratively cut and be carved into small works of art.

Art. No. 92651
ISBN 3-9522048-0-3

Il libro per imparare a tagliare e intarsiare i frutti
di Xiang Wang è suddiviso in lezioni secondo i frutti. Su 206 pagine si apprende come riuscire a tagliare i frutti in modo decorativo e farne capolavori di intaglio.

No art. 92651
ISBN 3-9522048-0-3

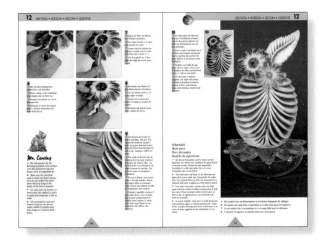

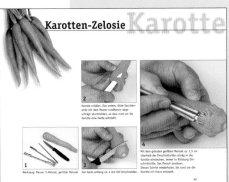

ABC des Gemüse- und Früchteschnitzens
Ein kleines Nachschlagewerk für alle, die mit wenig Aufwand optimale Wirkung erreichen möchten.
Art.-Nr. 92652 • ISBN 3-9522048-3-8

The ABC of Vegetable and Fruit Carving
A small reference book for all those who wish to achieve an optimal effect with minimal effort.
Art. No. 92652 • ISBN 3-9522048-3-8

L'ABC de la sculpture des légumes et des fruits
Un petit mémoire pour tous ceux qui veulent obtenir un effet optimal à peu de frais.
N° art. 92652 • ISBN 3-9522048-3-8

L'ABC dell'intaglio delia verdura e della frutta
Un piccolo libro di consultazione per tutti coloro che desiderano ottenere un effetto ottimale con poco sforzo.
No art. 92652 • ISBN 3-9522048-3-8

Zu beziehen bei:
Obtainable from:
A se procurer chez:
In vendita presso:

Andy Mannhart AG
Fachschule Kochartistik

C.H.I.P.S.
10777 Mazoch Road
Weimar, TX 78962 U.S.A.
Tel: 979 263-5683
Fax: 979 263-5685
www.chipsbooks.com

DATE DUE

	JAN 0 2 2004		

Demco, Inc. 38-293